广东省中小学"百千万人才培养工程"
初中理科名教师培养项目丛书

丛书总主编：于 慧 李晓娟

情境与生物课程教学

何小霞 编著

暨南大学出版社
JINAN UNIVERSITY PRESS

中国·广州

图书在版编目（CIP）数据

情境与生物课程教学 / 何小霞编著. -- 广州 ：暨南大学出版社，2024. 12. --（广东省中小学"百千万人才培养工程"初中理科名教师培养项目丛书 / 于慧，李晓娟总主编）. -- ISBN 978-7-5668-3962-6

Ⅰ. G633. 912

中国国家版本馆 CIP 数据核字第 2024X0F707 号

情境与生物课程教学

QINGJING YU SHENGWU KECHENG JIAOXUE

编著者：何小霞

···

出 版 人：阳　翼

统　　筹：黄　球　潘江曼

责任编辑：黄志波

责任校对：刘舜怡　何江琳

责任印制：周一丹　郑玉婷

出版发行：暨南大学出版社（511434）

电　　话：总编室（8620）31105261

　　　　　营销部（8620）37331682　37331689

传　　真：（8620）31105289（办公室）　37331684（营销部）

网　　址：http://www.jnupress.com

排　　版：广州良弓广告有限公司

印　　刷：广州市金骏彩色印务有限公司

开　　本：787mm×1092mm　1/16

印　　张：8.5

字　　数：160 千

版　　次：2024 年 12 月第 1 版

印　　次：2024 年 12 月第 1 次

定　　价：39.80 元

（暨大版图书如有印装质量问题，请与出版社总编室联系调换）

前　言

　　真实、具体的情境是学生核心素养形成和发展的重要平台。《义务教育课程方案和课程标准》（2022 年版）强调以核心素养为导向，反映了新时代课程内容改革的新动向，对深化教育教学改革提出了更高要求。《中共中央　国务院关于深化教育教学改革全面提高义务教育质量的意见》中也明确指出：优化教学方式，注重启发式、互动式、探究式教学，引导学生主动思考、积极提问、自主探究，融合运用传统与现代技术手段，重视情境教学。无论是深化课堂教学改革，还是深化考试命题改革，都强调了基于真实情境，联系社会生产生活实际的重要性。学生的核心素养需要在真实的情境中才能表现出来，也只有在分析和解决真实问题任务的过程中才能得到培养和发展。因此，素养导向下的生物课程教学，需要由基于学科具体知识的教学走向基于真实情境的教学。

　　情境教学将抽象的知识与具体、生动的情境相结合，使学生能够在真实或模拟的情境中学习，从而激发他们对知识的兴趣和好奇心。学生在情境中能够亲身体验、感知和探索，这种学习方式更能引起他们的共鸣，提高其学习的主动性和积极性。

　　情境教学能够帮助学生将知识与实际情境相联系，形成深刻的记忆。在情境中学习的知识更容易被学生理解和吸收，从而提高学习效率。学生在情境中能够形成多维度的知识网络，使知识更加系统化、结构化，便于记忆和提取。

　　情境教学注重学生的实践参与，通过模拟实际情境或解决实际问题，培养学生的实践能力和解决问题的能力。学生在情境中会遇到真实的问题和挑战，通过探索、合作和反思，学会如何分析问题、制订方案、实施计划和评估效果，从而培养批判性思维和创新能力。

　　情境教学能够营造轻松、愉快的学习氛围，使学生在学习中感受到快乐和有成就感。情境中的价值冲突和道德抉择能够引导学生思考并树立正确的价值观，培养他们的社会责任感和公民意识。

　　现代社会对人才的需求越来越注重实践能力和创新能力，情境教学能够培养学生的这些能力，使他们更好地适应未来社会的需求。情境教学还能培养学生的团队合作精神和沟通能力，这些在未来的工作和生活中同样至关重要。

新课程方案和课程标准颁布之后，很多一线生物学教师也在探索如何将情境教学融入日常课堂，提升学生的生物学核心素养。但目前课堂教学缺乏合适的真实情境辅助教学，其中不乏教师的编写，内容缺乏深度和广度，难以在真实情境中解决实际问题；情境多作为导入，仅起到吸引学生的浅层作用，为了迎合情境教学模式而创设情境，对教学帮助不大；课堂教学中情境琐碎、关联性不强，使课堂缺乏主线，完整性大大降低，逻辑性不强，对学生的知识体系构建不利。

本书从内涵、理论基础、基本观点、应遵循的原则等方面对情境教学进行了充分的阐述，对适合初中生物学课程的情境素材进行了梳理，结合笔者的教学实践经验和具体案例，对在课程教学中如何科学运用相关的情境素材提出具体可操作的策略，指导一线教师在日常课堂教学、考试命题等教学环节用好、用活情境素材，从而丰富课堂教学，提高学生的学习兴趣和学习效率，帮助学生获得更多成功的体验。应该说，本书具有很强的实践示范性和可操作性，具有一定的推广价值。当然，关于情境教学对核心素养促进作用的探索是一个长期而复杂的过程，要在今后的教学实践中持续完善，这不仅需要教师自身不断进行理论学习，提高专业素质，还需要社会、学校为情境教学的开展搭建更加广阔的平台，多措并举，为学生核心素养的提升提供更多的机会与空间。

何小霞

2024 年 12 月

目 录
CONTENTS

第一章　情境教学概论

第一节　情境教学的内涵和理论基础

一、时代呼唤情境教学

2001 年，教育部颁布了纲领性文件《基础教育课程改革纲要（试行）》，强调"过程与方法"的课程目标，倡导"自主、合作、探究"的学习方式，这些理念在一线教师中得到广泛认同，也在实践中积累了许多宝贵经验。但是要落实立德树人的根本任务，真正实现学科育人与实践育人，变革学习方式仍然面临着新的挑战。21 世纪的世界是日新月异的，社会在不断进步的同时也赋予了教育新的挑战。在全球化和终身学习的背景下，面向未来应培养什么样的人成为各国际组织与国家教育领域关注的核心问题，核心素养是这一问题的集中体现，也是从世纪之交至今世界范围内的教育研究热点。

《中共中央　国务院关于深化教育教学改革全面提高义务教育质量的意见》指出："坚持教学相长，注重启发式、互动式、探究式教学，教师课前要指导学生做好预习，课上要讲清重点难点、知识体系，引导学生主动思考、积极提问、自主探究。融合运用传统与现代技术手段，重视情境教学；探索基于学科的课程综合化教学，开展研究型、项目化、合作式学习。精准分析学情，重视差异化教学和个别化指导。各地要定期开展聚焦课堂教学质量的主题活动，注重培育、遴选和推广优秀教学模式、教学案例。"

义务教育课程方案与课程标准强调素养导向、学科育人，重组课程内容，创建学业质量标准，探索与素养目标和内容结构化相匹配的、学科典型的学习方式，推进以学科实践为标志的育人方式变革。所谓学科实践，指的是具有学科意蕴的典型实践，即学科专业共同体怀着共享的愿景与价值观，运用该学科的概念、思想与工具，整合心理过程与操控技能，解决真实情境中的问题的一套典型做法。《义务教育生物学课程标准》（2022 年版）指出，学生应具有初步的技术与工程实践能力，能够综合运用生物学和其他学科的知识和方法，解决真实情境中较为复杂的问题或完成实践项目。新时代，无论是国家顶层设计，还是学科课程的具体需求，都倡导基于真实情境的教学，将情境教学摆到了前所未有的高度。这也是教学从传授知识走向培育素养的进阶。

情境教学强调将学习内容与真实或模拟的情境相结合，让学生在具体、生动的环境中学习和体验。这种教学方法不仅有助于学生更好地理解和掌握知识，还能激发他们的学习兴趣和动力，提高他们的实践能力和综合素质。随着社会的快速发展，对于人才的需求也日益多样化。情境教学能够培养学生的实践能力、创新思维和团队合作精神，使他们更好地适应社会的变化和发展。情境教学注重学生的主体性和参与性，能够激发学生的学习热情和积极性。同时，通过具体、生动的情境设置，学生能够更深入地理解和掌握知识，提高学习效果和质量。情境教学不仅关注学生的认知发展，还注重学生的情感、态度和价值观的培养。通过参与各种情境活动，学生能够体验不同的角色，培养同理心和人文关怀精神。

二、生物学需要情境教学

生物学是自然科学，是研究生命现象和生命活动规律的科学，生物学的研究需要经历从现象到本质的过程，涉及许多微观结构和复杂过程，如细胞结构、分子机制等。在情境教学的过程中，教师可以利用实物模型、多媒体资源或模拟实验等，将这些抽象的概念具象化，使学生能够直观地感知和理解。生物科学本身与自然界和人类的生活密切相关，具有极强的实践性和应用性。许多生物学知识和原理需要通过实验来验证和深化理解。情境教学能够为学生提供更多的实践机会，让他们在参与实验、观察现象的过程中加深对生物学知识的理解，提升实践能力和动手能力。生物学是研究生命现象和生命活动规律的学科，与学生的日常生活密切相关。教师可以通过创设真实的或模拟的情境，让学生在具体的情境中学习和应用生物学知识，增强学习的真实感和实用性。

因此，情境教学能够帮助学生更好地理解和应用生物学知识，提升他们的学习兴趣和参与度。生物学教师可以创设与现实生活相似的情境，引导学生融入其中，亲身体验生物的生存状态和生命过程，从而更好地理解生命的本质。教师在设计教学情境时，应运用这一特点，以学生熟悉的生活实例作为材料。

在日常生活中，学生能够接触到生物学与社会技术相结合的具体事例，感受生物学对人类社会、经济、生产、生活产生的巨大影响。但是，这些知识是比较浅显而又零碎的，学生的生活经验也多是感性层面的。与此同时，学生所学习的生物学知识，有相当一部分微观层面的认知，而初中学生对于微观知识的学习是有一定难度的。为了让学生更好地理解生物学知识，可以通过创设学生日常生活中的情境开展教学，从日常经验出发，帮助学习者克服微观结构认识的困难，使学生感受到微观世界的神奇和魅力。教师可以结合实际生活，创设学生熟悉的情境，以一个大情境贯穿一节课堂学科理论的学习，让学生系统理解所学知识的现实意义和社会价值，加深学生对所学知识的理解和运用，这样有利于学生理性判断社会热点议题，提高学生的辩证思维能力和社会责任感。情境教学可以帮助学生更好地理解和记忆生物学知识，建构新知识，同时激发他们的学习兴趣和热情，活跃他们的思维，同时也有利于学生通过学习活动加深对生物学课程价值的认识，从而推动核心素养目标的实现。因此，重视情境创设是初中生物学课程本身的内在需求，而贯穿式情境教学则是将生物学零碎的知识点尽可能串起来系统传授给学生，是对情境教学形式的优化。

三、情境教学的内涵

情境教学是一种注重情境、情感、实践和体验的教学方法，它强调通过具体的场景和情境来激发学生的情感，提高学生的学习兴趣和参与度，促进学生的全面发展。这种教学方法强调通过具体的场景和情境来激发学生的情感，提高学生的学习兴趣和参与度，促进学生的全面发展。情境教学的核心在于激发学生的情感，使学生在学习过程中产生积极的体验，进而促进他们对知识的理解和应用。在教学过程中，教师可以根据教学内容和学生的实际情况，创设不同的情境，如生活展现情境、角色扮演情境、实验教学情境等，以提高学生的实践能力和科学素养。

在教育学领域，一般认为美国学者约翰·杜威（John Dewey）是第一个将情境与教学过程相联系的人，在其著作《学校与社会》（1899）中，他将情境教学定义为"特定的环境或氛围中进行教学的过程"，此环境与人的心理发生映射、相互影响，激励学生自主学习，使其能在短时间内学习大量的知识内容。顾明远在《教育大辞典》（增订合编本）（1998）中将情境教学定义为："情境教学是指创设含有真实事件或真实问题的情境，学生在探究事件或解决问题的过程中自主地理解知识、建构意义。"江苏省特级语文教师李吉林是国内第一个将情境与语文教学相联系的人，她将与教学内容有关的环境称为"情境"，认为情境是一种立足于儿童情感，人为设计优化后融合教学内容来促进学生学习和发展的"心理场"。目前，在教育领域，大家普遍认为，情境教学是教师在实际条件允许的情况下，创设学生获取知识所需的情境，给予学生适当的引导，促使学生完成知识内化的过程。结合初中生物学的学科特点，笔者认为情境教学首先是一种教学方法，是指在教学过程中，教师有目的地引入或创设具有一定情绪色彩的、以形象为主体的生动具体的场景，使学生能真实接触实验设计与实施的具体过程，带来一定的体验，从而帮助学生理解教材，并使学生的心理机能得到发展的教学方法。生物学的情境教学，指的是教师使用模拟、情境再现和创设问题情境等方法，认识组成生物体的分子与结构，感受生物科学的发展历程，揭示生命本质，从而提高学生的核心素养及能力。这是一种加强学生情感和知识形成过程体验感的教学方法，其核心在于通过激发学生的内在动机，促使学生自主实现外部刺激与内部动机之间的联系与构建。

四、情境教学的理论基础

（一）学习脑科学理论

人脑的杰作就是学习。脑科学最新研究成果表明，学习发生在神经元传递信息时。神经元传递信息靠的是一种化学物质，在神经学中称为神经递质，它将信息从一个神经元传递给另一个神经元，这个时候，神经元就产生了学习。神经元相互的联结越多，人就变得越聪明。神经生理学家通过实验发现，生活在丰富环境中的小白鼠比在普通情况下小白鼠的神经联结多四分之一。这表明，在丰富的环境下长大的孩子，因为接触的信息多，能够经常动脑，所以大脑发育得更好，大脑更加发达。在课程实施过程中，如果教师经常创设情境，让学生在真实的情境中解决问题，那么学生的大脑会越来越发达，青少年儿童会越来越聪明。

（二）多元智能理论

多元智能理论对智力的定义和认识与传统的智力观是不同的。美国教育心理学家霍华德·加德纳（Howard Gardner）认为，智力是在某种社会和文化环境的价值标准下，个体用以解决自己遇到的真正难题或生产及创造出某种产品所需要的能力。智力不是一种能力，而是一组能力，智力不是以整合的方式存在，而是以相互独立的方式存在。每个学生都具有在某一方面或几方面的发展潜力，只要为他们提供合适的教育和训练，每个学生的相应智能水平就能得到发展。多元智能理论认为，教育应该创造条件，为学生创设各式有利于发现、发展、促进各种智能发展的学习情境，为学生的学习提供丰富多样的选择，促使学生扬长避短，以此激发潜在的智能，充分发展学生的个性。

（三）建构主义理论

建构主义理论是在教育心理学的基础上发展起来的。瑞士儿童心理学家让·皮亚杰（Jean Piaget）首先提出了建构主义的概念，苏联心理学家维果茨基（Lev Vygotsky）的社会文化理论丰富了建构主义的内涵。后来，一批学者将建构主义提升到理论水平并渗透到教学领域，因此形成了建构主义理论。皮亚杰认为，知识不是由主体的内部结构决定的，亦不是由客体的内部存在特性决定的，知识是通过主体和客体内部结构之间的中介作用才被学习者认识的。因此，知识与客体需要发生联结才能被学习者理解运用。邵瑞珍（1997）认为，建构主义学习理论主张学习的过程是学习者从外界选择性知觉新信息并以此生成意义的过程。邓友超（2009）认为，建构主义理论强调个人是主动建构自身意义的，"意义"是由主体理解的，而主体一定是在情境中的主体，个体在某种情境中的参与度影响了个体的建构能力，若离开了情境，个体对任何理解都是模糊的。教学中创设课堂情境，学生能更好地理解知识。建构主义理论认为，学习知识必须依赖具体的情境，主张根据不同的情境来组织学习。学生以自身原有的经验系统为基础，对新的知识信息进行编码，建构自己对知识的理解。学生的建构能力来自学生在情境中的参与程度。因此，情境教学应构建学生日常生活中的情境。建构主义理论的学生观强调，学生并非空着脑袋走进教室。在日常生活、工作和学习中，学生已具备许多经验，有些问题哪怕未真实经历过，没有现成的经验，当问题呈现在他们面前时，他们往往能基于相关经验，凭借认知能力形成对问题的某种理解。因此，学生会因相关的经验而对课堂创设的情境感到熟悉，但又存在不理解、解释不清楚的问题，他们能对教师呈现的信息进行处理，得出个人的解释，从而建构知识体系。

（四）情境学习理论

情境学习理论是对建构主义理论的继承和发扬，情境学习理论将认知的重心置于认知的主体——人，强调人类的认知过程具有主动建构性作用。心智活动状态是在社会情境与文化脉络的互动中建构出来的，而人并非被动的信息接收反应器，而是具有主动探索建构知识的能力，因此，学习应由学习者主动建构知识。情境观认为，实践不是独立于学习的，而意义也不是与实践和情境脉络相分离的，意义正是在实践和情境脉络中加以协商的。知识不是一件事情或一组表征，也不是事实和规则的集合，而是一种动态的建构与组织。知识是个体与环境交互作用过程中建构的一种交互状态，是人类协调一系列行为，去适应动态变化发展的环境的一种能力。情境学习理论认为，知与行是交互的，知识是情境化的，通过活动不断向前发展。

（五）最近发展区理论

苏联心理学家维果茨基的最近发展区理论主要是基于他的社会文化理论而发展出来的。该理论认为，人的学习和发展是在社会环境中进行的，个体的学习和发展必须建立在其已有的知识和经验之上。同时，这一理论强调了学习的社会性和交互性，即人们在学习和发展过程中需要与他人进行交流和互动。该理论在教育领域得到了广泛的应用。在教育实践中，该理论被用于指导教师如何设计和实施教学活动，以促进学生的学习和发展。例如，教师可以通过提供适当的学习材料和情境，帮助学生扩展其最近发展区，促进其学习和发展。

第二节　情境教学理论的基本观点

一、知识具有情境性

知识的意义是人与人协调后产生的结果，在情境学习中，知识与技能的获得必须通过群体才能实现，通过专家、同伴间的互动，获取真实情境中产生的知识。学习需要通过群体之间的合作与互动，情境是知识与素养的载体，知识只有被放置于一定的情境中才能发挥其功能，也才能让学生理解知识的本质。知识的获得是学生和情境互动的结果，学习是情境化的实践，学生在情境中有了学习知识的欲望，就有了学习新知识的动力。

情境学习理论认为，知识与工具具有相同的特点：两者都必须通过使用才能被人理解和掌握。知识普遍存在于学习者日常生活的各个角落，如我们周边的媒体氛围、教材与文化背景等，都蕴含着丰富的知识。知识是人与环境交互作用的产物，无法从环境中单独剥离出来。

人们在进行学习的时候是与整个环境互动的，简单地从书本中获取概念和公理往往达不到预定的学习效果。如果把知与行视为两个独立的部分，也就是认为学习及使用知识独立于情境之外，那么就会产生惰性知识，而非有用的健全的知识，比如学生通过课堂教学获得算法、规则和脱离情境的定义，却常常无法加以运用，只能听凭它们处于消极状态。

所有的知识都和语言一样，都是人的活动和情境互动的产物，只有通过使用才能真正获得。因此，情境学习理论将知识视作工具，必须在它们产生及应用的活动与情境中解释，才能产生意义，才能被充分理解和掌握。知识除了有情境的特性之外，还具备通过真实的活动而逐渐发展的特性。学校环境中构造的简单模式与真实世界有着迥然不同的特征，知识只有在真实的情境中学习才能被充分理解和掌握。真实的活动可以简单定义为日常的文化实践，而非校园里形成的封闭文化，学习者虽然可以在人造的活动中如鱼得水，但无法将之转化到校门外的真实世界中。

二、师生关系具有情境性

所谓"物以类聚，人以群分"，"类"与"群"就是师生关系的情境性。交往双方的相似性越多，就越容易建立起亲密的人际关系。当交往双方的需要和期待恰好互补时，往往最容易产生强烈的人际吸引，建立起良好的人际关系。所以，建立良好的师生关系，关键是要在真实的情境中创设机会，在真实的情境中进行互动和交流，真实的情境不仅为学生提供了实际应用知识的机会，也促进了师生之间的深入了解与互动，让师生寻找到彼此认可的共同点。当彼此认同的时候，气氛就会变得友好融洽。也就是说，如果交往双方在心理上相容的话，那么一方的行为就很容易引起另一方肯定的反应；相反，如果双方处于高度的心理不相容状态，一方的态度与行为就很容易被另一方否定。按照人们的社会交往经验，如果你能身处对方的情绪状态中，能够完全感受到对方的心理感受，进而表示出自己对他的理解、关心、体贴和友爱，那么对方就会积极回应你，对你产生好感。这正是心理学上所说的"情境同一性"原理。成熟的教师在建立师生关系初期，都会在日常的教育过程中投其所好，在学生面前表达对学生方方面面的认同感，对学生的各种行为表现出包容和接纳，从而建立良好的师生关系。

在日常的教育教学过程中，可以从几个方面入手，在真实情境中建立良好的师生关系。首先，需要师生共同参与教学活动，在真实情境中，教师应该努力营造和谐、友善的学习氛围。这种氛围能够让学生感受到安全和舒适，从而更愿意参与到学习中来。教师应该鼓励学生进行合作与互助，提升班级整体的凝聚力。通过组织课堂讨论、实践活动、小组项目等真实的学习活动，让学生和教师共同参与其中。这种参与可以增进师生之间的相互了解，同时也有助于营造平等、合作的学习氛围。其次，教师需要关注学生的个体差异，在真实情境中，学生的表现会更加多样化和个性化，教师应该关注每个学生的独特需求和兴趣，提供个性化的指导和支持。这种关注能够让学生感受到被尊重和理解，从而增强师生之间的信任感。再次，及时反馈与沟通，在真实情境中，学生的学习表现会更为直观和具体，教师应该及时给予学生反馈，肯定他们的进步，指出需要改进的地方，同时鼓励学生主动与教师沟通，表达自己的想法和困惑。这种双向的沟通有助于建立更为紧密和有效的师生关系。最后，教师要以身作则，并对学生表示足够的尊重与理解。教师在真实情境中应展现出积极的榜样作用，通过自身的言行影响学生。教师应展示出对知识的热爱、对学习的追求以及对工作的敬业精神。这种正面的影响能够激励学生更好地投入学习，同时也能够建立起师生之间的情感纽带。在真实情境中，教师应尊重每个学生的独特性和价值，理解他们的成长背景和经历。这种尊重和理解能够让学生感受到被接纳和认可，从而更愿意与教师建立联系。

三、教学评价具有情境性

教学评价是根据一定的教育目标，运用一定的评价方法，对教学活动及其效果进行价值判断的过程，它是在特定的教育理念和价值观的指导下进行的。教学评价本质上是彰显人与人的相互理解，在教学情境中遵循人的活动发展主体逻辑，破除教学评价"与人无涉"的技术规范，构建契合人在课堂教学情境中决策、改进的价值理性的评价体系。因此，与情境相链接，贯穿教学各环节的评价，不仅探究了学习情境与认知、情感、技能和行为四个基本目标领域的关联点，还营造了适应不同学习情境的评价方案和策略的激励性学习氛围。

在生物学课程的评价过程中，教师可以根据学生的学习表现、自己的教学策略以及教学目标等因素，设置相应的教学情境，进行真实、多元、综合、客观、公正的评价。教学评价与教学情境紧密结合，更能准确地反映学生的实际学习情况和教学效果。情境性评价能够真实地反映学生在实际学习情境中的表现。这种评价不仅仅是基于学生的书面作业或考试成绩，还包括学生在课堂讨论、小组合作、实践操作等真实情境中的行为表现。通过观察学生在情境中的表现，教师可以更准确地评估学生的知识掌握情况、思维能力和问题解决能力。情境性评价能够更好地反映学生的学习过程和学习效果的真实情况，满足不同的评价需求，对不同评价对象进行个性化的评价。情境性评价注重多元化的评价方式和手段，除了传统的笔试和口试外，还可以采用观察、访谈、问卷调查、作品展示等多种方式进行评价。这些方式能够更全面地了解学生的学习情况，包括他们的学习态度、兴趣爱好、创新能力和合作精神等。同时，情境性评价也能够鼓励学生进行自我反思和自我评价，培养他们的自主学习能力和终身学习意识。

总之，教学评价的情境性是不容忽视的，具有情境性的教学评价能够更准确地反映学生的实际学习情况和教学效果，促进学生的成长。因此，在教学过程中，教师应该注重情境性评价的应用和发展。

第三节　情境教学应遵循的原则

情境教学的实施需要遵循一定的原则和方法，以确保其能够有效地促进学生的学习和理解。情境教学应遵循的原则有以下六个：

一、目标性原则

教学方法、教学策略是达成教学目标的手段，选择情境教学，是为了更好地达成教学目标。其他教学方式也好，情境教学也好，都是为了立德树人，培育学生的核心素养。教师在实施情境教学之前，要认真解读课标、教材，用好、用活教学素材，结合教材内容和学情，确定需要培育的核心素养，使学生通过课堂情境学习，获得生物学基本事实、概念、原理和规律等方面的基础知识，具有一定的科学探究和实践能力，养成良好的科学思维习惯，学会对自己的健康负责；关注社会热点事件，培养服务社会的意识和责任感；理解人与自然和谐发展的意义，树立生命共同体的理念，增强"绿水青山就是金山银山"

的环保意识；初步形成生物学基本观点、创新意识和科学态度，并为确立辩证唯物主义世界观奠定必要的基础；了解并关注这些知识在生活、生产和社会发展中的应用，在知识的迁移应用中培养自身的核心素养。

二、分层性原则

俗话说，世界上没有两片完全相同的叶子，学校里没有两个完全相同的学生。课堂教学要尊重学生的个体差异，在情境教学中，教师要注重从学生的实际情况、个别差异出发，根据不同学生的认知水平、学习能力以及自身素质，选择符合每个学生特点的素材，进行开创性和针对性的教学，发挥学生的长处，弥补学生的不足，有的放矢地进行有差别的情境创设，使每个学生都有机会处于自己感兴趣的真实情境中，引导学生基于真实情境分析问题，从解决问题中收获获得感，从而激发学生学习的兴趣，树立学生学习的信心，获得更好的发展。

在实施情境教学的过程中，教师要根据学生的学习特点和需求，灵活选择教学内容和教学策略，并设置相应的学习目标和评价方式。这要求教师对每个学生的学习能力、兴趣、需求等有深入的了解，以便为他们提供最适合的教学方法和资源。另外，教师还要根据学生的学习进展，合理安排学习内容的难易程度，在学生逐步掌握基本知识和技能的同时，逐步提高学习的难度和深度。这有助于学生建立扎实的知识基础，并逐步提高学习能力和兴趣。在教学中，着眼点和着力点始终是面向全体学生，通过不同层次的教学活动，促进每个学生的发展，促使每个学生都获得成功。这要求教师在关注优秀学生的同时，也要关注学习困难的学生，为他们提供必要的支持和帮助。

学生的分层是一个相对的动态过程，不可固化。教师在不同时期应及时灵活地调控学生的分层标准、各层人数、教学的目标与内容、辅导与评价方法等，使学生的潜在水平转化成新的现有水平。同时，学生可以根据自己的学习情况和兴趣变化，申请加入不同的学习层次。

三、衔接性原则

《义务教育生物学课程标准》（2022年版）提出"课程设计重衔接"，要求初中阶段生物学的学习与高中课程有效衔接、循序渐进、连贯一致，引导学生逐步认识生物学的科学本质和重要思想理念。因此，在初中生物学教学中，应将初高中衔接作为一个重要的研究主题。近几年高中学校反馈的情况是，高一年级的学生大多数觉得生物学难度很大，现在实行的是"3＋1＋2"的高考选考模式，面临分科选择时，很多学生对生物学望而却步。这跟学生在初中阶段生物学的学习没有注重初高中的教学衔接问题有很大关系。在情境的选择中，教师要注重初高中的教学衔接，有时可以用高中教材中的一些内容进行初中生物学内容的拓展和延伸。比如，在学习植物细胞部分的内容时，就可以给学生演示"质壁分离"的实验，让学生能够在显微镜下观察到细胞膜，而不是只能看到细胞壁而看不到细胞膜。在平时的教学中，教师要引导学生善于立足于自己已有的知识和经验，对已有的概念进行有效建构，在建构的过程中对现有知识进行有效的拓展和延伸。这个过程不但能巩固初中阶段的知识，而且能拓展高中阶段的知识，实现初中阶段与高中阶段的有效衔接。

四、规律性原则

"能顺木之天，以致其性焉尔。"树木如此，人亦如此，学生的发展亦是如此。学生的身心发展具有阶段性，只有顺应其发展，学生的潜能才能被充分挖掘出来。初中学生的记忆和思维具有以下特点：一是记忆容量增大，对直观形象的材料记忆优于抽象材料，有意记忆和抽象记忆发展速度较快；二是抽象逻辑思维逐渐处于优势地位，形象逻辑思维发展并占据主导地位，辩证逻辑思维迅速发展；三是想象的有意性和创造性成分不断增加，空间想象力发展加速。在情境教学中，教师要遵循学生身心发展的规律，抓住关键期的关键特征，对学生进行不同内容、特点的教育，创设适应的情境，培养学生的学习兴趣，从而真正促进学生的发展。情境应具有材料新颖、形式多样、内容丰富、蕴含知识、主题突出、切合学情、设计科学等特点。

五、参与性原则

苏联教育理论家瓦西里·亚历山德罗维奇·苏霍姆林斯基（Василий Александрович Сухомлинский）在谈到师生关系时认为，师生应该是探求真理的志同道合者。这就决定了在教学过程中师生必须进行平等的交流。为此他特别强调："学校的学习不是毫无热情地把知识从一个头脑里装进另一个头脑里去，而是师生之间每时每刻都在进行的心灵接触。"理想的课堂应该充满民主精神，真正实现"以人为本"，把"以学生为主体"的理念贯穿于教学的全过程。多年来，新课程改革实验积极倡导在教学过程中努力形成一种以"学生为主体，教师为主导"的课堂教学格局。每个学生都是独立的个体，他们有自己的情感、思想和行动规律。教师应该充分利用课堂教学的时间、空间，创设学生能够充分参与的情境，开启学生的智慧之门，提高学生学习的积极性、主动性，让学生真正成为追求知识的主人。

六、适度性原则

情境教学需要把握好"度"，情境的创设和利用要适可而止，不唯情境，也不滥用情境。在情境教学过程中，教师要依据教材内容和学生自身的实际情况，创建、运用情境进行课堂教学，从而高效地完成教学任务，提高教学质量。切忌刻意使用情境，这样不但无法体现情境的优势，反而显得矫揉造作，效果会适得其反，造成学生"消化不良"。情境教学并不是生物课程教学的唯一方法，在进行情境教学的过程中，要注意与其他教学方法相结合，特别是与传统讲述法的结合使用。因为只有情境是不够的，要善于利用情境帮助学生了解生命现象，理解生命活动规律，如此才能发挥情境的最大功能。

第四节　国内外关于情境教学的研究现状

一、国外研究现状

古希腊哲学家苏格拉底（Socrates）被认为是西方最早在教学中创设情境的教育家，他在其母亲当助产士的过程中得到启发，提出"知识的产婆术"。"产婆术"的原意是，苏格拉底的母亲虽然并不能再生育，但是可以作为助产师帮助别人生育。苏格拉底认为每个人都有一定的知识，而自己就像助产士一样，帮助对方将知识输出。"产婆术"是西方最早的启发式教育，通过比喻、启发等手段，用发问与回答的形式，使问题的讨论从具体事例出发，逐步深入，层层驳倒错误的意见，最后走向某种确定的知识。这种方法对西方教育产生了深远的影响，但当时未将其命名为"情境"。

法国启蒙思想家让 – 雅克·卢梭（Jean-Jacques Rousseau）在其著作《爱弥儿》中提出，教师应通过生活和实践，顺应学生身心发展进行实物教学和直观教学，让学生在自然中获得最真实的知识和最真切的感受。卢梭强调教育应该从学生的兴趣和生活经验出发，充分发挥学生的潜力和特长，在实践中，可以通过个性化教育来实现这一目标。在《爱弥儿》这本书中，卢梭讲述了爱弥儿如何从迷路的森林中走出来的故事，爱弥儿学会了通过看树木的影子等方法来辨别方向，这就是真实情境下的一种学习方式。卢梭认为，越早自主地获得知识，就越能保持自然的习惯，学生通过亲身体验获得的知识更有可能成为其谋生的方式，这种亲身体验也是让学生置身于真实情境中建构知识的过程。

近代捷克教育家扬·阿姆斯·夸美纽斯（Jan Amos Romenský）对情境教学也有一定的论述。夸美纽斯教育思想的核心是泛智论，所谓"泛智"，就是使所有的人通过接受教育而获得广泛、全面的知识，从而使智慧得到全面的发展。他主张学习广泛的知识，掌握学科知识的精粹；主张教学应该贴近生活、贴近实际，使学生学习的内容与他们的实际生活和兴趣相结合，从而提高学生的学习兴趣和自主学习能力。他认为学生应该积极参与课堂的讨论、提问和活动，这样可以激发学生的思维能力和创造力，增强学生对学习的兴趣和自信心。

美国哲学家、教育家、心理学家和实用主义者约翰·杜威批判传统的学校教育，并就教育本质提出了他的基本观点，即"教育即生活"和"学校即社会"，并提出了"从做中学"。杜威认为，"从做中学"也就是从活动中学、从经验中学。他在《我们如何思维》一书中用实例提出了"思维起源于直接的情境"，认为在教学过程中必须创设情境，利用教学情境激发学生的学习欲望，依据教学情境制定教学目的、制订教学计划。他提出"思维起源于直接经验的情境"，新的知识必须建立在已经获得的经验之上，并且强调与社会生活相联系，给学生真实的生活和学习体验，使得学校里知识的获得与生活中的活动联系了起来。儿童只有从那些真正有教育意义和有兴趣的活动中进行学习，才能促进自己的成长和发展。至此，情境成为教学过程的有机组成部分，有了理论上的渊源。

1989 年，美国心理学家、教育家布朗（J. S. Brown）等人提出并界定了"情境性学习"的概念。情境性学习是指在学习过程中，为了达到一定的教学和实用目标，根据学生身心发展的特点，教师所创建的具有学习背景、景象和学习活动条件的学习环境，是师生主动积极建构的学习，是作用于学生并能提高学生学习积极性的过程。布朗等人认为，知识是情境性的，它受到知识所使用的活动、情境以及文化的基本影响，并且与它们不可分离。情境学习强调知识与情境之间动态相互作用的过程，使学习者在情境中通过活动获得知识，并认为学习与认知本质上是情境性的。学习实质上是一个文化适应与获得特定的实践共同体成员身份的过程。基于情境的学习者必须是共同体中的合法参与者，而不是被动的观察者，同时他们的活动也应该在共同体工作的情境中进行。参与意味着学习者应该在知识产生的真实情境中，通过与专家、同伴的互动，学习他们为建构知识应该做的事情。

各个领域的学者都在他们的论著中提到情境创设对于学习与教学的重要性，使情境教学在理论和实践上不断发展完善。1991 年，美国加利福尼亚大学伯克利分校的让·莱夫（Jean Lave）教授和独立研究者爱丁纳·温格（Etienne Wenger）合著的《情境学习：合法的边缘性参与》被认为是情境学习理论研究的开创性和指导性著作，它从人类学的视角对情境与学习之间的关系进行了一系列的探讨，认为学习历程是从周边开始，再不断向中心深入真实活动的过程。随着建构主义学习理论的深入研究、现代信息技术的发展、脑科学关于高级认知机制成果的获得，人们对学习本质的认识不断深入，研究者逐渐开始关注情境认知和学习理论的研究与实践。1993 年，美国权威杂志《教育技术》就情境认知与学习这一论题进行了专门的讨论。1996 年，美国学者希拉里·麦克莱伦（Hilary Mclellan）将这些讨论集合在一起，出版了《情境学习的观点》一书，在研究如何在网络环境下进行情境认知与学习这方面有所突破，标志着情境创设理论体系的发展完善。此后，有关情境认知学习的理论与实践研究迅速渗透到教育教学的各个领域。2000 年，由美国学者威尔逊（Wilson，R.）编写、上海外语教育出版社出版的《MIT 认知科学百科全书》中的心理学部分，出现了"情境认知与学习"。2001 年，美国教育研究协会的研究主题"用情境性的观点透视数学课堂实践"代表着"情境教学"已经进入学科研究阶段，为其他学科的研究提供了参考。

二、国内研究现状

在我国，"创设情境"的教学思想也有悠久的历史。我国古代有"孟母三迁""断织教子"，就是情境教学在我国较早出现的案例，还有"近朱者赤，近墨者黑"的教育思想，都强调环境在教育中的重要性，从根本上说明教学情境在教育中不可或缺。我国古代最早的专门论述教育和教学问题的论著《学记》提倡教师在施教时要做到"善喻"，要在"道而弗牵、强而弗抑、开而弗达"的教学方式下开展教学。意思是说，教师要创设一定的情境，把问题镶嵌其中，循循善诱地引导、鼓励、启发学生，让学生独立思考、主动学习，而不是直接把问题的答案给学生，教师主导教学，但不是学习活动的主体。我国春秋末期的教育家孔子倡导"启发式教学"的方法。孔子因人而异，相机诱导，针对具体的情境，给予恰当的教育，这是国内情境教学的萌芽。把情境教学作为一种独特的教学方法进行实践，并取得卓越研究成果的当数现代儿童教育家、特级教师李吉林。从 1978 年开始，李吉林将情境教学法移植到自己的语文课堂，从局部到整体，由感性到理性，她的教学重点在于创设利于诱发学生思考与学习兴趣的情境。经过长达 20 多年理论与实践相结合的研究，她创建出一个符合中国国情的情境教学新体系，继而推动了其他学科的情境教学。她的《情境教学的理论与实践》《情境教育的诗篇》等作品都有效促进了国内情境教学理论研究的发展，其在情境教学法上取得的初步成功对于各学科的教学甚至整个教育界都产生了很大的影响。

近年来，情境教学的热度之高是前所未有的，教育界很多学者都将目光聚集在情境教学上。通过中国知网检索发现，近几年有关情境教学研究的文章数量开始急剧上升，这也表明有一大批学者和一线教师开始重视情境教育，将视线聚焦到生物学的教学上，不难发现，情境教学在初中生物学的教学中也是被广泛研究的。以"生物情境"为主题，在知网上可检索到近 20 年发表的相关论文共 1 193 篇，仅 2022—2023 年间，发表的相关论文就有 173 篇，可见一线生物学教师越来越注重将情境引用到生物课堂中，并在教学实践中不断总结与反思，推动了情境教学在生物学领域的发展。目前线上资源能查找到最早将情境教学运用于生物学教学的文献是彭端生于 1991 年在《生物学教学》期刊上发表的《生物情境教学法初探》一文。在文章中，彭端生总结了在生物教学中创设情境的方法有提问、类比、文艺作品、活动、实验、演示直观教具和教态等，并列举了这些方法在教学实例中的运用。《义务教育生物学课程标准》(2022 年版) 中，每一个学习主题后面都附有"情境素材建议"，一是让一线教师在日常的教学活动中重视情境素材的运用，二是对生物学教师们如何科学合理运用情境素材给予指导。这也是情境教学备受广大生物学教师们关注和广泛运用的重要原因之一。

第五节　初中生物学教材中情境素材的梳理与补充

一、图示情境材料

人教版初中生物学教材在内容设计上非常注重图示情境材料的使用，插图超过 300 幅。这些图示材料在人教版初中生物学教材中扮演着重要角色，不仅有助于学生更好地理解和记忆生物学知识，还能激发学生的学习兴趣和探究欲望。同时，图示材料的使用符合学生的认知规律和学习特点，精心设计与图示情境内容相关的且覆盖教材内容的问题，引导学生通过问题指引，有效识图，从而解决问题，构建科学思维。

人教版初中生物学教材的图示情境材料主要有以下五种：①结构示意图。例如植物细胞和动物细胞结构图，展示了细胞的基本组成，如细胞膜、细胞质、细胞核等，利用好这些情境素材，能帮助学生理解细胞是生命活动的基本单位；例如组织植物和动物组织图，展示了不同组织的特点和功能，有助于学生理解生物体的结构和功能；例如人体器官系统图，包括消化系统、呼吸系统、循环系统等，有助于学生了解人体各系统的结构和功能。②生理过程图。例如光合作用过程图，展示了植物如何将光能转化为化学能，并产生氧气和有机物，帮助学生理解植物与环境的相互关系；例如呼吸作用过程图，展示了生物体如何通过呼吸作用释放能量，维持生命活动，有助于学生理解能量转换的过程。③遗传信息传递图。例如 DNA 复制、转录和翻译等过程图，有助于学生了解遗传信息的传递和表达；例如食物链和食物网图，展示了生物之间的捕食关系，有助于学生理解生态系统中的能量流动和物质循环。④实验图。例如实验装置图，展示了实验所需的仪器和设备，以及实验步骤和操作方法，有助于学生理解实验原理和操作过程；例如实验结果图，包括显微镜下的细胞观察图、实验数据图等，展示了实验结果和数据分析，有助于学生掌握实验方法和数据处理能力。⑤插图和漫画。插图用于解释复杂的概念或现象，使内容更加生动直观；漫画以幽默诙谐的方式呈现生物学知识，激发学生的学习兴趣和好奇心。

二、科学史情境材料

生物科学史描述了科学发展、演变的历程，蕴含着生物学家的科学思维、科学方法和科学精神，生物科学史不仅能激发学生探索生命奥秘的兴趣和热情，更能让学生从中学习和领会科学的思维方法和工作方法，培养科学态度和科学精神。在初中生物科学史教学过程中，教师需要采用创设问题情境的方式，激发学生的探究欲望，使学生理解更多的科学知识。但初中生物学教材中的科学史内容并不完善，因此，教师在课程实施过程中要善于开发科学史资源，根据学生需求和教学实际需要，完善科学史资源，使生物科学史的内容系统化，这样有助于学生体会科学家思考和解决生物学问题的思想过程，帮助学生建构知识结构，增强科学探究能力，培养科学意识，提升自然科学素养。本部分内容主要是将人教版初中生物学教材中的科学史资源进行整理完善，一线教师可以根据自己的实际需求应用到课堂教学中。

人教版初中生物学教材一共四册，七年级上、七年级下、八年级上、八年级下共有八个单元，分别是生物和生物圈、生物体的结构层次、生物圈中的绿色植物、生物圈中的人、生物圈中的其他生物、生物的多样性及其保护、生物圈中生命的延续和发展。科学史资料在教材中的分布情况如下：七年级上册5处，七年级下册7处，八年级上册7处，八年级下册12处。科学史资料在八个单元分布的数量如下：1处，3处，1处，7处，6处，1处，9处，2处。教材中的科学史存在科学家信息不完整、科学史介绍不完整、科学史没有与时俱进等问题。科学的发展离不开科学家的探索付出，科学家是知识的创造者，人类现在所拥有的各种科学知识、技术，都源于科学家们不断研究，发现各领域之间的奥秘。当我们享受着科技成果的喜悦时，不要忘了是科学家们将自己的一生大半时间奉献于科学事业，不断推动科学的发展。详细地还原科学研究过程，有助于学生将自己置身于科学研究的情境中，体验前人的经历，理解知识产生的过程，随着科学家研究水平的进步，他们在学习过程中遇到的困难也随之被击破。这样在自主探究的情境中掌握经验和方法、发展科学证据推理能力，才能更好地提升生物科学素养。

三、其他情境素材

除了图示情境材料和科学史情境材料，人教版初中生物学教材中还有实验情境素材、活动情境素材等。人教版教材中设置了大量的实验栏目，有观察与思考、实验、调查、科学·技术·社会、课外实践模拟实验等，具体内容见表1-1：

表1-1　人教版初中生物学教材中的实验栏目

栏目	设置意图	举例
观察与思考	观察与思考通常是观察生物图片、器官模型或者某种动物，然后对相关内容进行讨论。通过"观察"与"思考"掌握生物学概念，完成对章节重点知识的建构等	如"食物链和食物网的结构与特点"。栏目中给出了一些生物的图片，要求学生观察这些图片并根据吃与被吃的关系将所给生物通过画线连接起来，栏目下面设置讨论题，学生将整个栏目的观察与思考任务完成之后，就会更加深刻地理解食物链和食物网以及食物链中各种成分之间的关系
实验	生物学是一门以实验为基础的自然科学。在特定的环境条件下，运用一定的仪器、材料和药品，通过科学方法，有目的地观察研究一般情况下不易观察到的生物体结构和生命活动现象。通过生物实验，不仅能帮助学生理解生物学的概念和规律，真正学好生物学基础知识，还有利于启发学生积极思维，进行科学方法训练，培养学生的科学素质	如"用显微镜观察人血的永久涂片"。掌握用显微镜观察人血的永久涂片和临时装片的技能，认识红细胞和白细胞；培养学生的动手观察能力、发现问题以及解决问题的能力；培养学生乐于探索生命奥秘的精神和实事求是的科学态度
调查	调查是科学探究常用的方法之一，也是工作中的一种重要方法。通过系列的调查活动，让学生了解调查研究是运用各种途径和方式，有计划、有目的地了解真实情况，学会用调查研究方法，通过由表及里、由此及彼、去粗取精、去伪存真的思维加工，获得对客观事物本质和规律的认识	如"调查校园、公园或农田的生物种类"。通过对校园里各种各样的生物进行观察和学习，使学生既学到许多生物分类方面的知识，掌握在野外识别生物的能力和科学探究能力，从而更好地贯彻生物课程标准的理念，为学校调查校园的生物资源提供一些资料

（续上表）

栏目	设置意图	举例
科学·技术·社会	渗透科学、技术、社会等前沿拓展资料，有助于激发学生的学习兴趣和好奇心，同时有助于培养学生的社会参与能力和社会责任心	如"植物的组织培养"。让学生了解植物组织培养的基本原理和应用领域；掌握植物组织培养的基本操作技巧；能够设计并实施植物组织培养实验；培养学生的动手操作和实验设计能力
课外实践模拟实验	纸上得来终觉浅，绝知此事要躬行。生物学是一门以实验为基础的自然科学，通过动手实践，培养学生的学习兴趣和核心素养，使他们具有较强的动手能力	如"饲养家蚕并观察其生殖和发育过程"。让学生了解家蚕的生殖和发育过程；培养学生的观察、记录、分析和思考能力；通过观察图片、视频等相关资料，培养学生收集、整理、分析信息的能力，锻炼学生的交流和合作能力；关注生物科学技术在社会发展中的作用，增强学生爱护动物的意识

第二章 初中生物学课堂教学中的情境策略

本章将对课堂导入、课堂教学过渡、重难点突破三个环节的情境创设策略进行论述。无论是哪个课堂教学环节，情境创设都要按以下四个步骤实施：

第一，明确情境创设目标。

所有教学的设计和实施出发点和落脚点都是要落实到教学目标的实现上，每一节课，教师都要围绕课程教学的目标，依托教学重难点开展课堂情境教学。在新课标背景下，教学目标要包含大单元目标和课时目标。教学目标首先应当以立德树人总目标为核心和基点，落实培育核心素养的总要求，从大单元大概念的视角分析需要落实的育人目标，再综合分析本课时教学内容在本书中的地位、学情、教学重难点等要素，准确表述本节课的教学知识、能力及核心素养目标。立足于大单元，以本课时教学目标为依托，创设情境，开展情境体验活动，进一步细化情境教学各环节所需要达成的教学效果，从而明确情境创设的具体目标。

第二，选择、处理情境素材。

情境素材多种多样，有主线情境、问题情境、跨学科情境、科学史情境、实验情境、故事情境、生活情境、虚拟情境等。在明确导入环节所要实现的目标之后，应该综合考量多方面的影响因素，如教师风格、教学内容、学情等，恰当选择情境素材。首先，站在课程整体角度，选择紧密贴合本单元、本课时教学重难点，与整体教学内容相呼应的案例。其次，考虑本班学情，从学科核心素养角度出发、从学生的认知结构出发、从学生的最近发展区出发，适当走在学生最近发展区的前面，导入素材既要符合现代中学的审美，新鲜有趣，能与学生产生情感共鸣，又不能喧宾夺主，从而达成激发学习动机、初步了解课程内容的教学效果。最后，对情境素材进行适当的处理，针对选择的情境案例，不管是来源于教材、网络、生活或者别人的优秀案例，都应该结合课程目标、教学的实际需要进行删减、添加或是再创作，使情境素材有针对性地、高效地服务于课程教学，促进教学目标的达成，实现学科育人的目标。

第三，创设情境，开展教学。

学生是主体，教师是主导，任何教学方法和手段都是服务于教学目标的。创设情境是为了将教学设计更好地落实到教育实践中，更好地落实核心素养的培养。在课堂教学过程中，创设情境只是手段，这个过程需要教师充分展现教育机智，通过语言的艺术以及多样的教学手段来引导学生在真实情境中解决问题。在课堂教学导入实施环节，教师要紧扣课程教学目标，依托各种资源及特色教学互动活动，创设影音式、文字式、活动式等多样化教学情境，并在分析学情的基础上，结合自身教学特色和优势，运用风趣幽默的语言，引导学生进入教师所创设的情境中，发挥学生的主体作用，增强学生学习的情感体验，从而达成前期预设的教学效果。创设情境不能唯情境，在教学过程中，教师应充分关注学生的学习动态，把握好学生提出的问题、观点、案例等课堂教学生成性资源，在教学过程中及时加以解决、运用，充分发挥学生在课堂教学中的主体性作用，提升学生对于教学情境的参与感，提升学生分析问题、解决问题的能力。

第四，反思情境创设的效果。

情境创设的最终目的是立足于实现课程教学目标，深化学生核心素养培育。因此，教师应重视课后总结与反思环节的作用，主动开展多种形式的教学总结，衡量情境的有效性，通过课堂各环节的情境创设，不断提升教学能力，不断促进自身专业成长。教师应重视情境在课堂教学中的运用，改进传统的导入方式，激发学生的学习兴趣，奠定整节课的教学氛围基调，使情境真正具有实效性。情境创设是非常重要的教学方法，教师应及时进行自我总结，综合学生及听课教师的意见，反思自己教学过程中的不足，并将这些经验融合运用于接下来的教学设计与教学实践中，不断优化课堂教学情境的设计和实施，提高情境运用的实效性。

第一节　创设情境，引人入胜

情境导入是指教师通过语言描述或演示创设问题情境，以诱发学生的探究心理，激发其解决问题的欲望和兴趣，促进其思维能力的提升，或借此陶冶学生的性情。情境导入就是根据学生的特点和教学内容的特性，创设出一定的教学情境，增强学生的情感体验，从而使学生快速有效地进入学习状态，接续学习内容的一种课堂教学导入方式。

俗话说，好的开始是成功的一半，在课堂教学中也是如此。一节好课，往往是在前面 3 分钟内有精彩绝伦、引人入胜的展现。这 3 分钟就是我们常说的课堂导入环节。课堂导入环节在整节课中占据着举足轻重的作用，这 3 分钟如果利用好了，就会使得接下来的教学活动都获得益处。因为我们对事物感知的印象是先入为主的，强化首次认识对于后继学习至关重要，巧妙的课堂导入能激发学生的学习兴趣，有效地集中学生的注意力，唤醒学生的求知欲，促进学生科学思维的养成，还能帮助教师承上启下，做好铺垫，揭示课堂主题，提升课堂的教学成效。

一、基于"问题链"的情境导入

苏联心理学家捷普洛夫（Борис Михайлович Теплов）提出"思维永远是从问题开始的"。"问题链"的情境导入有利于营造和谐的教学氛围，有效地引导学生的认知和思维活动。在课堂教学中，导入部分是首要环节，是一堂课的开端，是新旧知识的衔接，能激发学生对新课讲授内容的好奇心，从而集中注意力，更好地进入学习状态。

"问题链"的情境导入有助于奠定本节课的教学基础，为课堂发展指引方向。课堂上，如果创设的问题情境是单一的，只是对课堂进行简单的引入，那么它对学生的启迪是有限的，不足以充分地激发学生的兴趣，对学生思维的启发也会大打折扣。对此，我们提出以"问题链"创设情境的教学导入方式。"问题链"情境是把一连串逻辑紧密的问题融入具体的情境中，用学生能接受的方式吸引学生投入课堂学习，让学生更好地理解问题。"问题链"的情境导入，能起到激发学生的求知欲、启发学生的思维、串联起整节课等作用，使学生主动地学习探索。把问题情境化，可以营造轻松、愉悦的学习情境，帮助学生提高问题意识。

例如"鸟"这一节的教学，可设置以下四个问题：一是鸟有翅膀，它们会飞，如果也给人插上翅膀，人也会飞吗？二是鸟的翅膀有哪些有利于飞行的结构特点？三是鸟能飞，除了跟有翅膀有关系，还有其他与飞行相适应的特征吗？四是有人说鸟的全身都是为飞行而设计的，对此，你认同吗？对于"人插上翅膀是否能飞"这个问题，虽然科学界已经有了定论，但是大多数初中学生并不清楚这一点，因此，问题一能激发学生的好奇心，让学生迫不及待想要去研究这一节的学习内容。鸟类在天空中自由飞翔，这是让很多不能飞行的动物所羡慕不已的。鸟为什么能飞呢？最直观的特征是它们有翅膀。初二的学生已经有了"结构与功能相适应"的生命观念，他们自然想要去探索"鸟类翅膀的结构有哪些适应飞行的特点"这样的问题。问题三将学生引向更深层次的思考，也是本节内容的重难点。问题四是一个小结性的问题，对鸟的形态结构特点作一个有趣的小结。这一串问题链能有效吸引学生的注意力，激发学生探究的兴趣，并且能促进学生的深度学习。

又如学习"动物细胞"，因为前面学习了"植物细胞的结构"，学会了"制作洋葱表皮临时装片"，可设置以下三个问题：一是我们的细胞结构与植物的细胞结构一样吗？二是如果想观察我们身体某一处细胞的形态结构，也可以按洋葱表皮临时装片的步骤制作临时装片吗？三是是否所有生物体都是由细胞构成的？本节内容是第二节"植物细胞"内容的延续。学生对人体细胞的形态结构是非常感兴趣的，问题一可以迅速激发学生的探究热情。有了制作植物细胞临时装片的经验铺垫，问题二制造了一个小小的认知冲突，在学习过程中，学生会不自觉地将人体口腔上皮细胞的制作过程与洋葱表皮细胞临时装片的制作过程进行对比。首先，通过问题链，引导学生阅读教材实验过程，总结实验步骤，对比动植物细胞临时装片的异同点；其次，通过比较不同形态的动物细胞，归纳动物细胞的基本结构和功能；最后，通过比较动植物细胞结构的异同点，构建"细胞是构成生物体的基本单位"的概念。由此，学生在学习过程中学会了归纳和总结。

又如学习"种子的萌发"，这一节内容的难点在于控制变量法实验的设计，同时考虑到学生有种子结构的前概念，可设置以下四个问题：一是种子将来是要长成植株的，种子的哪一部分将来能发育成一个植物体？二是种子的胚各部分在种子萌发过程中发挥怎样的功能？三是设计实验探究种子需要什么环境条件。四是环境条件适宜了，种子就一定能萌发吗？通过设置问题链，让学生复习旧知识，连接新知识。在学生的前概念里，学生没能区分种子萌发的外界条件和自身条件，通过设置问题链，引导学生在课程学习过程中，关注哪些是种子萌发所需的外界条件，哪些是自身条件，这些条件又分别是什么？

二、基于真实生活的情境导入

陶行知先生主张"生活即教育"。真实的生活环境所带来的教育是相伴一生的，生活在南方的孩子可能不知道"北国风光，千里冰封"的真实体验是什么样的，在西北内陆地区生活的孩子未必清楚"春江潮水连海平，海上明月共潮生"是什么场景。在农村生活的孩子只在视频或图片中见过摩天大楼，在别墅洋房中长大的孩子可能不知道蔬菜没有上盘之前长什么样儿。所以，不与实际生活相结合的教育就像在建空中楼阁，并不是真正的教育。而在素养形成的过程中，较之于"学"，"习"则更为重要。因此，教师必须整合资源，创设相关联的生活情境，引发学生的情感共鸣，使学生形成正确的情感、态度、价值观和核心素养。

越是生活的，就越是学生易于接受的。生活化的情境导入，能够使学生感受到生物学知识与生活实际的紧密联系，促使他们有动力去发现、研究、解决问题。创设相类似的真实的生活情境，能激励并促使学生产生学习的内部需要，即学习的内驱力。而真实的贴近学生生活的情境，能更好地适应学生的认知水平，提升学生对新知识的认同感和接受度。初中生具有较强的好奇心，处于个体社会化的关键时期，因而选择与生活息息相关的情境导入，更容易激发他们的兴趣，使他们更容易进入学习状态。生活中的生物知识经验为学生进入新知识的学习提供心理准备，熟悉的知识背景也有利于新知识的学习和理解，有益于知识的意义建构，促进知识在相似情境下的迁移和运用。因此，在初中生物课堂进行生活情境导入对于激发学生的学习动机、调动学习的积极性、促进知识的迁移以及提高学习效率等都具有重要意义。生活情境导入贴合学生生活，符合学生的认知特点，使得学生在知识构建过程中更加主动和自觉。通过情境的创设，学生可以从已有经验中发现新旧知识的联系以及知识与情境的联结关系。在课堂开端即导入环节，创设学生熟悉而真实的生活情境，能激发学生的学习内驱力，使得学生的学习过程更轻松自然。教师在导入时积极引导，运用语言艺术，以情动人，感染学生，保持适时的、积极的情绪状态，使师生关系处于一种和谐、民主、心理相容的状态，将为整节课奠定和谐的氛围基础，使整堂课一气呵成。

例如学习"藻类、苔藓和蕨类植物"这一节时，教师可以展示生活中经常接触的几种植物——紫菜、苔藓、肾蕨，让学生回想一下在什么地方能找到这几种植物，引导他们从生活环境、形态结构等方面对比这几种植物跟常见的荔枝、龙眼等植物有什么不一样。"藻类""苔藓""蕨类"这三个名词对学生而言是陌生的，以这三种日常生活中常接触到的植物导入，消除学生的陌生感，让学生将所学的学科知识与日常生活连接起来，跟随这三种熟悉的植物展开对新知识的学习。对学生而言，这种导入不仅有趣，还容易产生获得感。教师可以引导学生对比这几种植物与学生熟悉的龙眼、荔枝植株的不同，让学生总结出孢子植物与种子植物的异同。又如学习"食物中的营养物质"这一节时，教师可以让几个学生讲讲早餐吃了什么，引导学生分析各自的早餐里含有哪些营养物质，以此引入"食物中的营养物质"，将学科知识与学生的生活无缝连接在一起，让学生真正能做到"学以致用"，让"学习指导生活"。再如学习"动物的运动"这部分内容时，教师可以让学生做屈肘和伸肘两个动作，然后大家一起讨论分析，在完成这两个动作时都有哪些人体结构参与了。这些导入方式不仅连接了生活，还能让学生亲身参与，吸引全体学生的注意力，激发他们的探究热情。围绕现实世界中的真实生活情境展开的探究，能引导学生解决真实生活情境中的问题，实现"做中学"，通过发现问题、解决问题、建构知识、运用知识的过程，培养学生的学科思维；通过真实情境体验，在实践中学习学科知识与方法，进而培养学生的实践能力，让学生在结合直接经验的基础上获得间接经验。

三、基于科学史的情境导入

《普通高中生物学课程标准》（2017年版）将科学史界定为"反映生物科学的生产与发展，并在其发展中起到了重要的转折点作用的重大事件"。生物学是自然科学中的一门基础学科，是研究生命现象和生命活动规律的科学，科学史是生命科学的重要内容。对于课堂教学来说，科学史是真实的、鲜活的情境资源。因为每一项科学成果的获得都经过了曲折的探索历程，探索道路上科学家的每一次尝试，无论成败，都是从无到有的过程，都蕴含着丰富的育人价值，从学科教学的视角来看，生物科学史所蕴含的营养远比了解科学的结论及技术的成果更为丰富。通过学习生物科学史，学生既能得到科学思想、科学精神、科学态度等方面的熏陶和培养，又能发展与提升直觉思维、想象能力、理性思维、质疑能力，以及观察、实验、调查、收集和处理资料等方面的能力。科学史的发展历程开始于科学家对问题情境产生的疑惑，在课堂导入环节，没有什么比让学生对所学知识产生疑惑然后激发探究热情更重要的了。因此，科学史情境导入能引起学生的兴趣，科学家的疑惑也是学生的疑惑，疑而生问，在问题探究和解决过程中建构知识体系。例如学习"细胞的生活"这一节内容时，教师可以克隆羊"多莉"的诞生过程这一科学史作为情境素材导入新课，在创设情境时，故意不展示结论，设置悬念，引导学生观察与思考：A、B、C羊各提供什么？"多莉"长得像谁？细胞核等结构分别具有什么功能？

学生对克隆羊"多莉"有所耳闻，但之前没有"细胞结构"的前概念，对"多莉"长得像哪只羊、为何像这些问题未加以思考，教师在导入环节以"多莉"为情境，将学生的注意力吸引到细胞核的功能探究上来，有利于重难点的突破。又如学习"细菌"这一节内容时，以"细菌的发现"这一科学史作为导入材料，引导学生剖析科学家列文虎克、巴斯德探究过程中的实验原理和步骤。学生不仅能从感官上认识细菌是"微小生物"，还能通过了解细菌发现的过程，理解科学是一个过程，这个过程的变化与科学仪器有关，进而理解"科学技术是第一生产力"，理解科学与社会发展的关系。又如学习"绿色植物是生物圈中有机物的制造者"，引导学生思考"植物合成有机物时需要什么，光合作用的产物是什么"，以海尔蒙特柳树栽培这一科学史导入新课，引导学生思考，激发学生的求知欲，引出历史上众多学者为揭开光合作用之谜所作的尝试与探索："想一想，他是否忽略了其他因素？""海尔蒙特忽略了什么因素的作用？"

利用科学史导入新课是一种非常有效的方法，它可以帮助学生了解生物学的发展历程，理解科学知识的产生和演变过程，同时也可以激发他们的学习兴趣和探究欲望。利用科学史导入新课，需要结合学生的实际情况和教学内容，选择适当的科学史素材和导入方式，同时也要注意科学史内容的准确性和真实性，避免夸大或歪曲历史事实。利用科学史导入新课，还可以帮助学生更好地理解生物学知识，培养他们的科学素养和探究能力。

四、基于生物学实验的情境导入

学习中的"知"与"行"彼此依赖，行是知之始，知是行之成。学生科学思维的发展与学生的实践能力相互促进，知识的掌握是一个动态的构建过程，是学生和教学环境相互作用的结果。教师可以通过创设丰富多样的生物学实验情境导入新课，基于生物学实验的情境导入可以帮助学生更好地理解生物学知识，提高实验技能和实验效果。有时候可以是现场演示实验，例如讲"气体交换"这节课前，在两支试管中注入等量的澄清石灰水，再缓慢呼气，可以由教师自己呼气，也可以让学生呼气，甚至可以多准备几组，让不同学生同时呼气，观察两支试管内澄清的石灰水发生的变化。接着提问：石灰水的变化说明了什么问题？有时候可以播放实验视频，例如讲"动物的行为"时，给学生播放海豚表演和吃鱼的视频，让学生带着问题观看视频：这段视频展示了动物的哪些行为？从行为的功能来看，有哪些行为？从行为获得的途径来看，又有哪些行为？海豚顶球的行为和吃鱼的行为有什么区别？有时候可以提前布置，先让学生在家里探究，再到课堂上探讨，例如学习"种子萌发的条件"这一节时，对学生进行分组，让他们在家里开展对照实验，有些小组探究水分对种子萌发的影响，有些小组探究空气对种子萌发的影响，有些小组探究温度对种子萌发的影响，有些小组探究阳光对种子萌发的影响，有些小组探究土壤对种子萌发的影响。课前让各小组展示实验结果，再在课堂上针对实验结果进行分析，从而展开新课的学习。有时候可以通过情境模拟实验导入，例如学习"生态系统"这部分内容时，给学生展示生态系统模型，让学生身临其境地感受生物学知识的实际应用。

总之，无论采用哪种方法，利用生物学实验导入新课的关键都是要结合学生的实际情况和教学内容，选择适当的实验内容和方式，引导学生主动思考和探究，提高他们的学习兴趣和科学素养，同时也要注意实验的安全性和可行性，确保实验的顺利进行和学生的安全。

五、基于认知冲突的情境导入

学生并不是空着脑袋进入教室的，他们具有不同的认知结构，习惯于以原有的认知结构来理解新现象、新知识，当新现象无法解释时，则会引发认知冲突。认知冲突是学生已有的认知经验与新知识之间形成的某种差距而导致的心理失衡，是激发学生学习欲望、深入探究的动力。在生物学教学中，教师可以利用生物学认知冲突的情境导入来激发学生的探究欲望和兴趣，促进学生的思考。例如讲解"光合作用"时，教师可以先让学生思考光合作用是否只在白天进行，然后通过实验和讲解来证明光合作用在夜晚也可以进行，从而让学生产生认知冲突，更好地理解光合作用的过程和机制。又如讲解"种子萌发的条件"时，教师可以让学生回答"种子萌发需要什么条件"，学生的答案里一般都会有"土壤、阳光"，教师再通过实验和讲解来证明，种子萌发不需要阳光和土壤。再如学习"什么是生物"这部分内容时，学生认为"会动的就是生物"，教师可以给出一些实例，让学生区分哪些是生物，哪些是非生物（需要区分的包含珊瑚、机器人、钟乳石等）。接着，让学生表达自己的意见。教师要鼓励学生表达不同的意见，组织学生针对有不同意见的物体进行讨论，但教师不要马上给出正确的答案，而要充分地了解学生的前生物概念，引起学生的认知冲突。再接着，引导学生通过教材内容的学习，归纳生物的共同特征后，回到有争议或错误认识的地方，让学生再次认识究竟怎样才是生物。这样，学生便通过认知冲突激发学习的积极性，从而加深对"生物与非生物"这一概念的外延性认识。再如讲解人体免疫系统时，教师可以引入一些常见疾病如感冒等，让学生了解这些疾病的发病机制和人体免疫系统的关系，引导学生思考如何通过增强自身免疫力来预防这些疾病。

综上所述，基于生物认知冲突的情境导入是一种有效的教学方法，不仅可以激发学生的好奇心和学习动力，还可以帮助他们更深入地理解和掌握生物学概念，更好地应用到实际生活中。

六、基于社会热点的情境导入

利用社会热点导入生物学新课可以吸引学生的注意力，激发他们的学习兴趣。例如讲"食物中的营养物质"这一节内容时，教师可以"转基因食品"这一备受关注的话题导入新课。教师通过多媒体展示一些关于转基因食品的新闻报道或纪录片，让学生了解这个话题的背景和现状。又如学习"生物多样性及其保护"这部分内容时，选择气候变化对生物多样性产生的深远影响导入新课，更能激发学生的兴趣。教师可以展示一些关于气候变化对生物多样性影响的新闻报道或纪录片，然后设问：为什么气候变化会影响生物多样性？哪些生物受到的影响最大？我们如何保护生物多样性？

通过这种利用社会热点导入生物学新课的方法，学生不仅可以了解转基因技术的原理和应用，了解气候变化对生物多样性的影响，还可以培养他们的批判性思维、科学素养和实际操作能力，使他们能更好地应对现实生活中的生物学问题。同时，经过长期的情境浸润，中学生可以更好地认识到社会问题的存在和重要性，增强社会责任感。他们会更关注社会公益活动、环境保护和公共事务，积极参与社会实践，为社会发展作出贡献。

第二节　巧用情境，无痕过渡

一、创设逻辑情境，自然过渡

自然过渡是指教师在课堂教学过程中充分利用生物学知识本身的结构和思

维逻辑关系实现教学内容自然"承转"。生物学是自然科学中的一门基础学科，探索生命现象和生命活动规律。因此，大部分教学内容之间联系密切，教师只需要理清知识之间的逻辑关系，在讲解过程中将其自然直接呈现给学生便可达成自然过渡的良好效果。这种过渡方法与教师的讲解融合在一起，不会显得突兀，最大限度地保持了知识体系的完整度。这种过渡方法多运用于逻辑性很强的地方。初中生物课程中包含许多逻辑性强的内容，如细胞的结构与功能、光合作用与呼吸作用、遗传与变异、神经调节与激素调节、生态系统中的物质循环与能量流动等。例如学习"细胞的结构与功能"这部分内容时，教师可以直接说："我们刚才学习了细胞的基本结构，现在让我们进一步探讨细胞的各个结构是如何进行生命活动的，即细胞的功能。"又如学习"光合作用与呼吸作用"时，教师可以创设逻辑情境，说："之前咱们学习了光合作用，光合作用过程中，植物叶肉细胞中的叶绿体将光能转化为化学能，并在植物体内合成有机物，那么储存的有机物和能量如何用于生命活动呢？咱们即将学习呼吸作用，来解答这个问题。"再如学习"遗传与变异"这部分内容时，教师可以自然过渡，说："生物体通过遗传将遗传信息从上一代传递给下一代，那么，下一代的遗传信息及性状是否与上一代一模一样呢？答案很显然是否定的，否则就不会有这多姿多彩的自然界。那么，为什么会有变化呢？这就是咱们要了解的变异现象。"

二、设置问题情境，悬念过渡

悬念过渡是指教师在新课开始前或教学内容之间转换时，围绕教学目标，深刻认识前后两节课或两个知识点之间的联系而制造悬念，从而进行生物学课堂教学过渡。利用好问题情境，设置悬念过渡，既能激发学生的兴趣，又能让学生进行深度思考。

（一）课程开始前的引导问题

复习旧知：通过提问回顾上节课或之前学过的关键知识点，帮助学生建立知识之间的联系。例如教师可以提问："我们学习了动植物细胞的基本结构和功能，这些结构中都有什么物质，是如何发挥它们的功能的呢？"以此引出"细胞的生活"这部分内容的学习。

引入新知：利用与新知识相关的现实生活中的例子或现象，提出问题，激发学生的学习兴趣。例如教师可以提问："你们知道为什么我们每天都需要吃饭吗？这与我们今天要学习的营养物质有什么关系？"又如学习"光合作用"这部分内容时。例如教师可以提问："大家都知道，植物通过光合作用能够制造食物，为整个生态系统提供能量。但是，光合作用的过程究竟是怎样的呢？为什么植物能够利用阳光、水和二氧化碳制造出有机物和氧气呢？其中隐藏着哪些神秘的力量和机制呢？"教师以这些问题完成新旧内容的过渡，学生会依着教师提供的问题思路去思考与光合作用相关的内容。

（二）课程进行中的衔接问题

承上启下：在每个小节或知识点之间，通过提问引导学生思考前一个知识点与下一个知识点之间的联系。例如教师可以提问："我们已经了解了光合作用的原理，那么这个过程产生的氧气和葡萄糖是如何在植物体内被利用的呢？"

深化理解：通过提问加深学生对当前知识点的理解。例如教师可以提问："在描述遗传物质 DNA 时，我们提到了双螺旋结构，那么这种结构有什么特殊之处，使得它成为遗传信息的载体？"

（三）课程结束前的总结问题

回顾重点：在课程结束前，通过提问引导学生回顾本节课的重点内容。例如教师可以提问："谁能总结一下我们今天学习了哪些关于遗传的知识点？"

展望未来：提出与本节课内容相关但更深入的问题，引导学生思考，为后续学习做好铺垫。例如教师可以提问："我们知道了遗传物质是 DNA，但你们知道 DNA 是如何控制生物体的性状的吗？这将是我们下一节课要学习的内容。"

在悬念设置过程中，需要注意几点。首先，问题要具体明确，避免使用模糊或过于笼统的提问方式，以确保学生能够准确理解问题的意图。其次，难度要适中，问题的难度应该根据学生的实际水平来设定，既不要过于简单而让学生失去兴趣，也不要过于复杂而让学生感到困惑。再次，时刻关注学生的反馈，在教学过程中，要密切关注学生的反馈，及时调整问题的难度和提问方式，以确保学生能够积极参与并深入思考。最后，适时鼓励学生进行思考和参与讨论，过渡问题不仅仅是教师提问、学生回答的简单过程，更重要的是鼓励学生进行思考和讨论，培养他们的思维能力和合作精神。

三、制造认识冲突，矛盾过渡

矛盾冲突式过渡是指在课堂教学过程中，教师利用过渡语来创设矛盾情境，引发学生的认知冲突，从而开始新的教学或实现教学内容的转换。矛盾过渡分为两类：第一类是向学生提出表面看似合理实际上并不合理的现象；第二类是向学生提出似乎不合理实际上合理的现象。矛盾过渡可以激起学生寻求正确答案的欲望，思考其真正合理的原因。当教师提出的认知观念与学生已有的认知观念产生矛盾，从而引发学生的认知冲突时，学生便会产生疑问而迫使自己从新的角度去思考问题，以全新的方式解决问题，促进与其他同学之间的合作和探究学习。

通过制造认知冲突，教师可以有效地激发学生的好奇心和求知欲，促进他们主动思考和探索生物学知识。同时，教师还可以通过引导学生解决认知冲突的过程，帮助他们建立正确的科学观念和方法论。

例如在学习"呼吸运动"这部分内容时，教师可以让学生体验呼吸时胸廓的运动，并引导学生得出"气体进入肺部，胸廓扩大是因为我吸气；气体排出肺部，胸廓缩小是因为我呼气"的推论。接着，教师设问："晚上睡着后你们还记得要吸气和呼气吗？睡着后胸廓是否还在扩大、缩小？"学生会意识到即使不用主动去吸气和呼气，胸廓仍然在变化，气体也在自主进出肺部，这与学生之前的认知产生冲突，引发学生去探究呼吸运动的原理。

又如在学习"细胞结构"这部分内容时，教师可以设置实验情境，让学生通过实验观察，比较动植物细胞的异同。学生可能会发现动物细胞和植物细胞都有细胞膜、细胞质和细胞核等结构，而植物细胞还有细胞壁、液泡和叶绿体等特有结构。那么，是否所有的植物细胞都有细胞壁、液泡和叶绿体这些结构呢？实验情境和问题情境可以让学生产生看似合理实际上不合理的认知冲突，进而促使他们更加深入地了解细胞各部分结构的特点和功能，理解"结构与功能相适应"的生物学规律。

再如学习"植物的呼吸作用"这部分内容时，教师可以引导学生表达他们对植物生理活动的认知。学生通常会认为植物通过光合作用制造氧气，释放能量，植物是不需要向外界吸取氧气的。此时，教师可以设置问题情境：当晚上无光之后，植物还进行光合作用吗？此时，植物会进行哪些生理活动呢？引导学生思考，植物在夜间进行呼吸作用时，会消耗氧气并释放二氧化碳，这与学生之前的认知产生冲突，能够激发学生探索新知识的兴趣和激情。

再如介绍糖类时，教师可以先让学生列举常见的糖类并询问其味道，学生通常会回答"甜"。然后，教师提出木材的成分也是糖类，但它并不甜，这与学生对糖类"甜"的固有认知产生冲突，促使学生深入思考糖类的性质和分类。

再如讲解"遗传和变异"时，教师可以展示一些遗传变异的实例，如双胞胎之间的差异、不同人种之间的外貌差异等。学生可能会认为遗传是稳定的、不变的，而变异是偶然的、不可预测的。然而，通过实例展示，学生会发现遗传和变异是相互关联、相互作用的，这种认知冲突会促使学生更加深入地理解遗传和变异的本质。

第三节　重视情境，突破重难点

在初中生物学教学中，为了突破重难点，创设情境是一种非常有效的教学策略。在日常课堂教学中，教师可以创设一系列教学情境，将抽象的概念具体化，以切合学生认知规律的方式引导学生探索，让学生在丰富多样的情境中理解和掌握知识，进而解决具体的生物学问题。

一、利用生活情境

教师可以利用学生日常生活中的实际例子来创设情境，如学习"生态系统"这部分内容时，可以引入学生熟悉的校园或家庭花园中的生物群落，或者是设置一个模拟的生态系统，如一个小型的水族箱或生态瓶。学生需要观察并记录生物与环境的相互作用。这些生活情境能突破以下重难点：

（1）生态平衡。通过改变生态系统中某些条件（如光照、温度、食物供应等），让学生观察生态系统的变化，理解生态平衡的重要性。

（2）食物链与食物网。让学生识别并绘制出模拟生态系统中的食物链和食物网，从而深入理解生物之间的相互关系。

二、设置实验探究情境

教师可以让学生在实验活动中探究生物学的原理。例如，在研究植物细胞结构时，可以通过实验探究等活动让学生亲身体验，观察植物细胞的结构和功能，组织学生进行显微观察实验。通过实验探究，突破以下重难点：

（1）细胞壁的结构与功能。细胞壁是植物细胞特有的结构，它具有一定的硬度和弹性，起到保护和支持细胞的作用。在教学中，需要通过实验观察，强调细胞壁的结构特点，以及它如何为植物细胞提供保护和支持。

（2）细胞膜的选择透过性。细胞膜是细胞的重要结构之一，它控制着物质进出细胞的过程。细胞膜具有选择透过性，可以让某些物质通过而阻止其他物质通过。在教学中，需要通过实验情境，让学生初步了解细胞膜的这一功能。

（3）细胞质的结构与功能。细胞质是细胞膜以内、细胞核以外的部分，其中包含了各种细胞器和细胞基质。细胞质是细胞进行新陈代谢的主要场所，包括物质的合成、分解、运输和储存等过程。在教学中，需要让学生理解细胞质的结构组成，以及细胞质如何参与细胞的生命活动。

（4）细胞核的结构与功能。细胞核是细胞的控制中心，它控制着细胞的遗传和代谢过程。在教学中，结合"多莉羊"的科学史情境，学生就很容易理解细胞核是细胞的控制中心这一核心概念。

三、多媒体辅助情境

教师可以利用多媒体资源，如视频、动画、图片等，为学生创造生动的学习情境。多媒体资源能够帮助学生更直观地理解生物现象和过程，从而突破重难点。例如在学习"病毒"这部分内容时，通过播放"病毒的一生"的动画视频，突破以下重难点：

（1）病毒的结构与特性。病毒是一种非常微小的生物体，没有细胞结构，通常由核酸（DNA 或 RNA）和蛋白质外壳组成。学生需要理解病毒的基本结构，包括核酸和蛋白质外壳的作用，以及病毒如何通过这些结构实现其生命活动。

（2）病毒的感染过程。病毒不能独立进行生命活动，必须寄生在其他生物的活细胞内。学生需要了解病毒如何侵入宿主细胞，如何在细胞内复制，以及最终如何释放新的病毒粒子。

（3）病毒与人类的关系。病毒在自然界中广泛存在，与人类有着密切的关系。学生需要了解病毒如何影响人类健康，包括病毒引起各种疾病的方式和途径，以及人类如何预防和治疗病毒性疾病。

（4）病毒的微小结构。由于病毒远远小于一般生物体，学生可能难以直观地理解病毒的结构。教师可以通过展示电子显微镜下的病毒图片或动画，帮助学生建立对病毒结构的直观认识。

（5）病毒与细胞的作用方式。病毒必须寄生在宿主细胞内才能生存和繁殖，这一过程涉及复杂的生物化学反应和细胞生物学知识。学生需要理解病毒如何与宿主细胞相互作用，包括病毒如何识别并侵入细胞、如何在细胞内复制以及最终如何释放新的病毒粒子。

（6）病毒性疾病的预防和治疗。病毒性疾病的预防和治疗是一个复杂的过程，涉及多个学科的知识。学生需要了解不同类型的病毒性疾病的预防和治疗方法，以及这些方法背后的科学原理。

四、跨学科整合情境

教师可以将生物学与其他学科进行整合，如物理、化学、地理等，共同创设情境。通过跨学科整合，学生可以更全面地理解生物学知识，并学会在不同学科间进行联系和整合。在初中生物学教学中，跨学科教学案例旨在将生物学知识与其他学科知识进行融合，以提供更广阔的学习视野和促进深入理解。例如生物与化学的跨学科教学。在学习"光合作用"这部分内容时，可以跟化学反应的内容有机融合，帮助学生理解光合作用中物质和能量的变化。在课堂教学过程中，可以引入化学中的反应方程式和能量变化的概念，解释光合作用如何将光能转化为化学能，并生成氧气和葡萄糖。通过化学方程式展示光合作用的反应过程，并利用化学实验材料（如植物叶片、碘液等）进行简单的光合作用实验，让学生观察并理解光合作用中的化学反应，从而突破以下重难点：

（1）光合作用的定义和过程。理解光合作用是绿色植物通过叶绿体利用光能，将二氧化碳和水转化为储存能量的有机物（主要是淀粉），并释放氧气的过程。

（2）光合作用的条件、原料和产物。明确光合作用的条件是光和叶绿体，原料是二氧化碳和水，产物是有机物和氧气。

（3）光合作用的意义。理解光合作用对植物、动物以及整个生物圈的重要意义，包括为生物提供食物、能量和氧气的来源，以及维持大气中氧气和二氧化碳的相对稳定。

（4）光合作用中能量的转换。理解光合作用过程中光能如何转换为活跃的化学能，再进一步转换为稳定的化学能并储存在有机物中。这需要对能量转换的复杂过程有一定的理解。

总之，跨学科整合情境在初中生物学教学中具有独特的价值，它能够培养学生的多种能力，促进他们的全面发展。因此，教师应该积极探索和实践跨学科教学方法，为学生提供更丰富、更有趣的学习体验。

第三章 初中生物学命题情境策略例析

《义务教育生物学课程标准》（2022年版）中指出，初中生物学学业水平测试的情况要反映学生核心素养的发展状况，命题要坚持素养立意，凸显育人导向。命题过程要坚持以核心素养为导向，积极探索与核心素养立意相匹配的试题设计，围绕学习主题和大概念，创设真实情境，适当提高应用性、探究性和综合性试题的比例，实现对核心素养导向的义务教育生物学课程学业质量的全面考查。生物学课程要培养的核心素养，主要是指学生通过本课程学习而逐步形成的正确价值观、必备品格和关键能力，是生物学课程育人价值的集中体现，主要包括生命观念、科学思维、探究实践、态度责任。

第一节 培养生命观念的命题情境例析

生命观念是从生物学视角，对生命的物质和结构基础、生命活动的过程和规律、生物界的组成和发展变化、生物与环境关系等方面的总体认识和基本观点，是生物学概念、原理、规律的提炼和升华，是理解或解释生物学相关现象、分析和解决生物学实际问题的意识和思想方法。生命观念主要包括生物学的结构与功能观、物质与能量观、进化与适应观、生态观等。生命观念对认识生命世界具有指导作用，是科学自然观和世界观的有机组成和重要基础。在生命观念的培养方面，学生要"获得生物体的结构层次、生物的多样性、生物与环境、植物的生活、人体生理与健康、遗传与进化等方面的基础知识"，而且要"初步形成生物学的结构与功能观、物质与能量观、进化与适应观、生态观等生命观念"，还要"能够应用生命观念探讨和阐释生命现象及规律，认识生物界的多样性和统一性，认识生物界的发展变化，认识人与自然的关系等，初步形成科学的自然观和世界观，以及分析生活中遇到的一些与生物学相关的实际问题"。

例1 （广东省中考，2023） 如图为人体尿液形成过程示意图，尿素浓度最高的部位是 （   ）

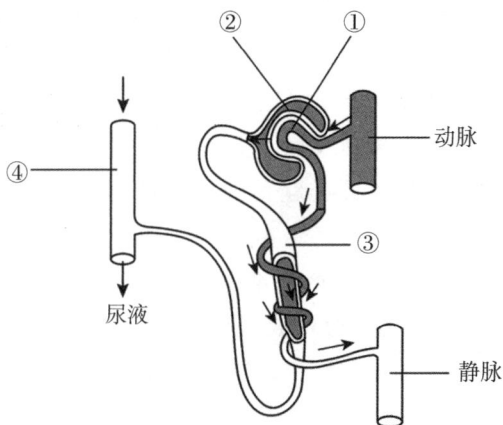

图 3-1 人体尿液形成过程示意图

A. ①　　　　　B. ②　　　　　C. ③　　　　　D. ④

此题的考点是尿的形成和排出，肾单位的各结构和功能及尿液的形成过程。

血液流经肾小球时，除了血细胞和大分子的蛋白质外，其他的如水、无机盐、尿素、葡萄糖会滤过到肾小囊腔形成原尿，可见原尿中尿素的成分多于血液。当原尿流经肾小管时，其中大部分水、部分无机盐和全部的葡萄糖被重新吸收回血液，而剩下的如尿素、一部分无机盐和水等由肾小管流出形成尿液。可见由肾小管流出汇集到④集合管中的尿素浓度最高。故选 D。此题需要学生熟悉肾单位的结构和功能，通过考试，渗透生物学的结构与功能观、物质与能量观，通过分析图示材料，发展学生分析和归纳的科学思维。

例2 （江苏宿迁中考，2023） 我国造血干细胞捐献者资料库，能为重症血液病患者检索配型相合的造血干细胞捐献者，给患者带来生的希望。造血干细胞能产生红细胞、白细胞等各类血细胞。造血干细胞在形态、结构和生理功能上产生稳定性差异的过程叫作 （   ）

A. 细胞分裂　　　B. 细胞生长　　　C. 细胞分化　　　D. 细胞凋亡

此题考查了细胞分化形成组织和细胞通过分裂产生新细胞两个知识点。在个体发育过程中，一个或一种细胞通过分裂产生的后代，在形态、结构和生理功能上发生差异性的变化，这个过程叫作细胞分化。细胞经过分化形成了不同的细胞群，每个细胞群都是由形态相似、结构和功能相同的细胞联合在一起形成的，这样的细胞群叫作组织，细胞经过分化形成了不同的组织。故造血干细胞在形态、结构和生理功能上产生稳定性差异的过程叫作细胞分化。而细胞分裂是细胞数目增多，细胞生长是细胞体积增大的过程，细胞凋亡是细胞主动结束生命的过程。故选 C。解答此类题目的关键是理解掌握细胞分化的过程和概念。

近年来，干细胞研究为人类众多难以解决的疾病带来了新的希望。这颗"种子"细胞在一定条件下能够分化成多种功能细胞，具有修复损伤组织和再生多种器官的能力，被医学界称为"万能细胞"。干细胞技术是比较前沿的科学，通过情境创设，学生可以了解他们没有接触过的世界，更加了解人体，了解神奇的干细胞，这对激发学生的学习兴趣、使他们热爱生命科学非常有帮助，也能让他们学会从科学的视角出发，关注生命健康。

例 3 （山东烟台中考，2023）习近平总书记提出"山水林田湖草沙是一个生命共同体"的生态文明理念。相关理解不正确的是（　　　　）

A. "山水林田湖草沙"属于不同类型的生态系统

B. 各种类型的生态系统是相互关联的

C. 生命共同体是一个统一的整体

D. 生命共同体中生物的种类和数量保持不变是自动调节的结果

此题考查了生物圈是一个统一的整体、生态系统的概念、生态系统的类型和特征、生态系统的自动调节能力、生物圈是最大的生态系统等知识点。生物圈中有着多种多样的生态系统，如草原生态系统、湿地生态系统、海洋生态系统、森林生态系统、淡水生态系统、农田生态系统、城市生态系统等。"山水林田湖草沙"属于不同的生态系统类型，A 正确；各种类型的生态系统不是孤立、封闭的，而是相互联系、相互影响的，B 正确；生物圈中的山水林田湖草沙是不同的生态系统类型，属于一个生命共同体，生命共同体是一个统一的整体，C 正确；在一般情况下，生命共同体中即生态系统中各种生物的数量和所占的比例是相对稳定的，但不是保持不变的，而是一个动态的平衡，这说明生态系统具有一定的自动调节能力，D 错误，故选 D。

通过创设情境，说明生物圈中每个生态系统并不是孤立的，它们之间是互相关联、彼此影响的。通过答题，引导学生认识到生物圈是一个统一的整体，为学生正确认识人与自然的关系提供科学指导，让学生意识到人与自然是生命共同体，构建人与自然生命共同体的理念，充分认识以人与自然和谐共生为鲜明特征的新的生态文明样态。

例4 （内蒙古自治区兴安盟中考，2022）能量可以由一种形式转变成另一种形式。当你点燃一支蜡烛时，蜡烛中的化学能就转变成光能和热能。生物体的细胞也能进行能量转换。下列结构中属于动植物细胞共有的能量转换器是（　　　）

A. 叶绿体　　　　B. 线粒体　　　　C. 细胞核　　　　D. 细胞膜

此题考查了线粒体和叶绿体是细胞中的两种能量转换器、动植物细胞结构的相同点和不同点、细胞的生活等知识点。植物细胞中的叶绿体能进行光合作用，叶绿体中的叶绿素能吸收光能，将光能转变为化学能，储存在它所制造的有机物中；线粒体能在氧的参与下将细胞中的有机物分解为二氧化碳和水，同时将有机物中的化学能释放出来，供细胞利用。叶绿体和线粒体都属于能量转换器。动物是异养的，其细胞内不含能够进行光合作用的叶绿体，只有线粒体。所以，动植物细胞共有的能量转换器是线粒体。A、C、D 不符合题意，B 符合题意，故选 B。

解答此题的关键是明确细胞中的两个能量转换器，了解叶绿体和线粒体能量转换的不同。以学生喜闻乐见的生活情境，引导学生了解生物的生命活动需要一定的物质和能量，分析和理解生物体内物质的合成与分解是伴随着能量的吸收或释放进行的。在细胞层次，动物细胞通过细胞膜从生活的环境中（体外环境或体内环境）吸收所需的无机物和有机物。有机物中含有化学能，通过呼吸作用，可将有机物中的化学能释放出来，供细胞生命活动利用。不含叶绿体的植物细胞，通过细胞膜吸收输导组织运来的无机物和有机物。有机物中含有化学能，通过呼吸作用，可将有机物中的化学能释放出来，供细胞生命活动利用。含有叶绿体的植物细胞通过细胞膜吸收环境中或输导组织运来的无机物，通过自身的光合作用制造有机物，同时将光能转化为化学能并储存在有机物中，通过呼吸作用，可将有机物中的化学能释放出来。

第二节　培养科学思维的命题情境例析

　　科学思维指的是"初步掌握科学思维的方法，具备一定的科学思维习惯和能力"。通过生物学课程的学习，学生不仅能够"尊重事实证据，运用比较和分类、归纳和演绎、抽象和概括、分析和综合等思维方法认识事物，解决实际问题，初步形成基于证据和逻辑的思维习惯"，而且能够"进行独立思考和判断，多角度、辩证地分析问题，提出自己的见解"和"对他人的观点进行审视评判、质疑包容"，还能够"运用科学思维，探讨真实情境中的生物学问题，参与社会性科学议题的讨论"，包括进化思维、生态平衡思维、统一性和多样性思维、遗传与变异思维。当学生掌握了生物学的学习方法和学科思维后，他们就能找到打开生物学这个宝库的钥匙，从而汲取生物学课程所特有的"营养"。经过上述"营养"的滋养，学生就能在认识生命等事物、解决生物学等实际问题的过程中，做到尊重生物学事实，基于事实证据和思维逻辑进行思考，崇尚严谨求实的作风；运用比较、分类、归纳、演绎、分析、综合、建模等科学方法探索生命世界；进行独立思考，从不同角度和维度，客观而辩证地分析问题，从而作出科学合理的判断；甚至能对已有观点和结论进行批判性审视、质疑性包容，乃至提出创造性见解。

　　例5　（湖北鄂州中考，2023）酒窝是由人类常染色体上的一对基因决定的，有酒窝与无酒窝是一对相对性状。一对有酒窝的夫妇生育了一个无酒窝的孩子，这对夫妇再生育一个孩子，有酒窝的可能性是（　　　　）

A. 100%　　　　　B. 75%　　　　　C. 50%　　　　　D. 25%

　　此题的考点是基因的显性和隐性以及它们与性状表现之间的关系。在一对相对性状的遗传过程中，子代个体中出现了亲代没有的性状，新出现的性状一定是隐性性状，亲代的性状是显性性状，亲代的基因组成是杂合的。所以，根据题干的遗传规律（亲代：有酒窝×有酒窝→子代出现：无酒窝），可推知有酒窝是显性性状（基因组成为AA或Aa），无酒窝是隐性性状（基因组成为aa）。无酒窝子代的基因组成是aa，一个a基因来自父方，一个a基因来自母方，可见，这对夫妇再生育一个孩子，有酒窝的可能性是75%。故选B。解答此类题目的关键是理解掌握基因的显性和隐性及其与性状表现之间的关系，并能借助遗传图解分析解答问题。

有酒窝和无酒窝在生活中是常见性状，"生活即教育"，通过创设情境，以学生所熟悉的生活事实来阐述抽象枯燥的遗传学知识，既能增强学生对知识的熟悉感，在头脑中形成表象，从而激活相关的知识模块，激起学生主动求知的兴趣，又能让学生养成细心观察、勤于思考的习惯，让学生从生活中发现问题，解决问题，让学生感到学有所用。学生在解题的过程中需要运用比较和分类、归纳和演绎、分析和综合等思维方法，从而理解有酒窝和无酒窝的性状是如何产生的。

例6 （山东聊城中考，2023）2022 年诺贝尔生理学或医学奖获得者斯万特·帕博通过古人类化石的基因组研究，发现现代人类祖先与其他古人种发生了广泛的基因交流，获得其他古人种有益的基因馈赠，让走出非洲的现代人类祖先能够快速适应非洲以外的环境。下列叙述错误的是（　　　）

A. 现代人类的祖先获得的其他古人种基因都是有益的

B. 现代人类在进化过程中形成了适应环境的形态结构和生活习性

C. 通过化石研究可以帮助我们追溯生物进化的过程

D. 现代人类的祖先比其他已灭绝古人种更加适应当时的环境变化

此题考查了生物进化的证据——化石、现代类人猿和人类的共同祖先是森林古猿、人类的起源和进化等知识点。

现代人类的祖先获得的其他古人种基因不都是有益的，A 错误；现代人类在进化过程中形成了适应环境的形态结构和生活习性，这是进化的结果，B 正确；化石在地层中出现的顺序，是人们研究生物进化的一个重要的方面，通过化石研究可以帮助我们追溯生物进化的过程，C 正确；现代人类的祖先比其他已灭绝古人种更加适应当时的环境变化，这是自然选择的结果，D 正确。故选 A。熟练掌握遗传、变异和自然选择的相关知识是答题的关键。

自古以来，人类一直对自身的起源问题探究不止。我们智人与古人类有什么关系？是什么让我们与其他古人类不同？斯万特·帕博（Svante Pääbo）通过他的开创性研究，完成了一件看似不可能的事——对已灭绝数万年的人类近亲尼安德特人进行基因测序。瑞典出生的科学家斯万特·帕博花了 30 多年时间，试图从 4 万年前的骨头中提取 DNA，并最终在 2010 年公布了尼安德特人的基因组。"是什么让我们在这个星球上显得如此与众不同?"帕博教授的工作让我们有机会审视这一点。诺贝尔医学奖获得者弗雷德里克·格兰特·班廷(Frederick Grant Banting)曾说:"人生最大的快乐不在于占有什么,而在于追求什么的过程中。"通过创设情境,引导学生从诺贝尔奖得主帕博博士身上学到关于古人类基因的知识,还有探求新知的精神以及坚持的意义。

例7 (内蒙古自治区赤峰中考,2023)2023年,科学家从永冻土中分离出了几万年前的生物样本,它们没有细胞结构,由蛋白质外壳和遗传物质组成,它们可以侵入宿主细胞进行繁殖。以下生物在结构上与上述生物样本最相似的是( )

A. 人类免疫缺陷病毒　　　B. 破伤风杆菌

C. 乳酸菌　　　D. 衣藻

此题的考点包括病毒的形态结构及生命活动特点、细菌的基本形态和结构特点、藻类的主要特征及其与人类生活的关系等。病毒无细胞结构,只由蛋白质外壳和内部的遗传物质组成。病毒只能寄生生活,在活细胞内以自我复制的方式繁殖,要是离开了活细胞,通常会变成结晶体。所以,人类免疫缺陷病毒的结构与样本最相似。破伤风杆菌、乳酸菌、衣藻都具有细胞结构。故选A。掌握病毒的结构及生命活动特点是解题的关键。

融于情境的问题能让学生更好地应对学习中产生的认知冲突。初中学生的考古学知识比较匮乏,在他们的认知中,考古只跟恐龙、古人类等有关。此题通过创设情境,让学生产生考古学与病毒的知识方面的认知冲突,教师应引导学生主动分析、综合、归纳情境提供的信息,以便解决这一认知冲突,这样既可以锻炼学生分析信息的能力,也可以激活学生原有认知中的相应知识模块,有利于指引学生思考的方向,激发学生思考的动机,让学生养成良好的思维习惯。

例8 (湖南长沙中考,2023)如图为某同学在校园科技节上的参赛作品——血液循环演示模型,其中单向阀模拟瓣膜(箭头表示液体流动方向),软管模拟与心脏相连的血管,装置内的红墨水模拟血液。据图回答:

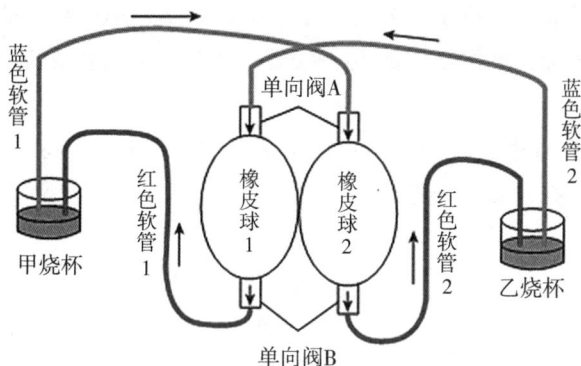

图 3 - 2 血液循环演示模型

演示过程：

1. 同时挤压两个橡皮球，红墨水从橡皮球经红色软管流出进入烧杯；

2. 同时松开两个橡皮球，红墨水从烧杯经蓝色软管流入橡皮球。

（1）模型中的橡皮球弹性较大，能很好地模拟心脏的_____和舒张过程。若蓝色软管 1 模拟肺静脉，则红色软管 2 模拟_____。

（2）在演示过程中，同时松开两个橡皮球，单向阀 A 打开，单向阀 B _____（填"打开"或"关闭"），模拟血液由静脉回流入心脏。

（3）指导老师指出该模型中的心脏结构不完整，可进一步完善。模型中缺少的心脏结构及应补充的位置是_____。

此题考查的知识点有血液循环的途径，心脏的位置、结构和功能，物质运输的途径。心脏主要由肌肉组织构成，能够收缩和舒张。模型中的橡皮球弹性较大，能很好地模拟心脏的收缩和舒张过程。观察血液循环途径图可知：若蓝色软管 1 模拟肺静脉，则红色软管 2 模拟主动脉。在演示过程中，同时松开两个橡皮球，表示心脏舒张，血液由静脉流回心房，这时，房室瓣打开，动脉瓣关闭。因此，单向阀 A 打开，单向阀 B 关闭，模拟血液由静脉回流入心脏。心脏由心房和心室组成，模型只模拟了心室，因此，模型中蓝色软管和单向阀 A 之间应加上心房。故答案为：（1）收缩；主动脉。（2）关闭。（3）心房；蓝色软管和单向阀 A 之间。掌握心脏的结构及血液循环途径是解题的关键。

此题创设了实验情境，以学生的建模作品为题干，考查学生对血液循环相关知识的掌握及运用情况。教师应引导学生在日常的学习生活中将理论知识学习和动手操作、亲身实践紧密结合起来，做到知识与能力并重，提高自我的科技创新能力，形成倡导科学、弘扬科学、学好科学、用好科学的良好氛围，培植学生的科学精神，激发学生的创造欲望，培养学生的创新精神和实践能力。

例9 （广东省中考，2021）小明对青蛙、蛇、蝙蝠和孔雀四种动物进行了如图归类，其分析正确的是（ ）

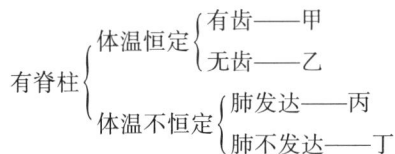

$$
\text{有脊柱}
\begin{cases}
\text{体温恒定}
\begin{cases}
\text{有齿——甲} \\
\text{无齿——乙}
\end{cases} \\
\text{体温不恒定}
\begin{cases}
\text{肺发达——丙} \\
\text{肺不发达——丁}
\end{cases}
\end{cases}
$$

图 3 - 3 对青蛙、蛇、蝙蝠和孔雀四种动物的归类

A. 甲是孔雀，卵生，用气囊辅助呼吸

B. 乙是蝙蝠，体表被毛，胎生哺乳

C. 丙是蛇，有鳞片防止体内水分蒸发

D. 丁是青蛙，体内受精，变态发育

此题的考点包括哺乳动物的主要特征、两栖动物的生殖和发育过程、对动物进行分类、鸟类的主要特征及其适于空中飞行的特点、爬行动物的主要特征。孔雀属于鸟类，蝙蝠属于哺乳动物，蛇属于爬行动物，青蛙属于两栖动物。甲有齿，体温恒定，应是蝙蝠；乙无齿，体温恒定，应是孔雀；丙体温不恒定，肺发达，应是蛇；丁的体温不恒定，肺不发达，应是青蛙。孔雀属于鸟类，无齿，体温恒定，卵生，用气囊辅助呼吸，A 错误；蝙蝠，体表被毛，胎生哺乳，有齿，B 错误；蛇属于爬行动物，有鳞片，可防止体内水分蒸发，用肺呼吸，体温不恒定，C 正确；青蛙属于两栖动物，体外受精，变态发育，青蛙的幼体生活在水中，主要靠鳃呼吸，长大后成为两栖动物，既在水里又在陆地，除了靠发育不是很完善的肺来进行呼吸外，也可以靠皮肤的毛孔及毛细血管呼吸，D 错误。故选 C。掌握各种生物的特征是解题的关键。

教师可以通过构建框架、设置真实问题情境，考查学生对"脊椎动物"知识体系的熟悉程度，引导学生观察，帮助学生构建并逐步形成生物进化和适应的观念，培养学生的探索性思维；还可以通过设计层层递进、环环相扣的有逻辑结构的问题群，引导学生进行逻辑思考，培养学生的高阶思维，促进学生深度理解。

第三节　重视探究实践的命题情境例析

探究实践指的是"学生能够从生物学现象中发现和提出问题、收集和分析证据、得出结论","综合运用生物学和其他学科的知识、方法与实验操作技能，采用工程技术手段，通过设计、制作和改进，形成物化成果，将解决问题的想法或创意付诸实践，逐步形成团队合作意识、坚持不懈的探索精神、实践创新意识、审美意识和创意实现能力"，"初步确立严谨求实的科学态度，乐于探索生命的奥秘"。其内涵有三：一是初步理解科学的本质，能以科学态度进行科学探究；二是面对各种媒体上的生物学信息或社会性科学议题，做到不迷信权威、不盲从他人，能对自己或他人的观点进行理性审视，尊重他人的观点；三是乐于探索自然界的奥秘，关注生物科学和生物技术的新进展及其对个人和社会发展的促进作用。

例10　（广东省中考，2023）2023年5月28日，国产大飞机C919商业首航成功，这是我国迈向科技自立自强的又一重要里程碑。飞机是对鸟类的仿生，下列关于鸟类的叙述错误的是（　　　　）

A. 前肢特化成翼　　　　　　B. 身体一般呈流线型

C. 骨骼轻便，利于飞翔　　　D. 飞行所需能量由细胞核提供

此题考查了鸟类的主要特征及其适于空中飞行的特点、空中飞行的动物等知识点。鸟类的前肢变成了翼，翼是飞行器官，A正确；鸟类的身体呈流线型，体表被覆羽毛，适于飞行，B正确；鸟的骨骼比较薄，胸部和腰部的脊椎骨愈合在一起，比较长的骨大都是中空的，内部充满气体，这样的骨骼既可以减轻身体的重量，又能加强坚固性，适于飞翔，C正确；线粒体是呼吸作用的场所，鸟类飞行所需能量由线粒体提供，D错误。故选D。鸟的飞行是和它的形态结构特点相适应的，结合鸟类的主要特征理解掌握是解答此题的关键。

人们研究生物体的结构与功能工作的原理，并根据这些原理发明出新的设备和工具，创造出适用于生产、学习和生活的先进技术。仿生教学能有效地激发学生的兴趣，调动学生的思维活动，进行类比、联想、想象，助力学生插上科技的翅膀。以我国有突破性的仿生科技作为情境素材，一方面引导学生以我国科学家为榜样，从小树立崇高远大的理想，刻苦学习科学文化知识，发扬并

培育敢为人先的创新精神，勇于实践，勇于创新，把科学精神与科学求实态度结合起来，努力提高自己的创新能力，把自己培养成为具有丰富创新能力的高素质人才，将来为中华民族伟大复兴作出自己的贡献。另一方面，通过创设情境，使学生明白仿生学对人类科技和社会进步的重要意义，既拓展学生的知识面，又培养学生勤于思考的能力，引导学生热爱科学、探索科学。

例11　（湖南湘潭中考，2023）正常人体内的氧气和二氧化碳含量处于动态平衡，这与机体的调节过程有关。当流经主动脉的血液中二氧化碳含量上升时，主动脉中的感受器感知这一变化并产生神经冲动，神经冲动沿着传入神经传到②，最终使③和④收缩和舒张的频率加快，从而提高排出二氧化碳的效率。下列叙述错误的是（　　　　）

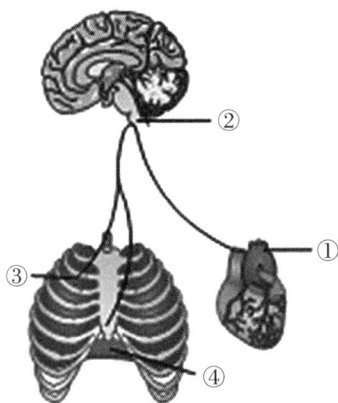

图 3-4　反射弧

A. 反射弧中的①为感受器

B. 反射弧中的③和④为效应器

C. 该反射弧的神经中枢②位于大脑皮层

D. 该反射为简单反射

此题考查的知识点包括反射弧的结构和功能、非条件（简单）反射和条件（复杂）反射、血液循环的途径等。当流经主动脉的血液中二氧化碳含量上升时，主动脉中的感受器感知这一变化并产生神经冲动，神经冲动沿着传入神经传到②，最终使③和④收缩和舒张的频率加快，从而提高排出二氧化碳的效率。因此，反射弧中的①心脏为感受器；反射弧中的③肋间肌和④膈肌为效应器，A、B正确；由图3-4可以看出，该反射弧的神经中枢②位于脑干，是人生来就有的反射，属于简单反射，C错误，D正确。故选C。掌握反射的类型及反射弧的组成和功能是解题的关键。

对于学生来说，神经学因为抽象而显得深奥。此题结合学生熟悉的两种物质——氧气和二氧化碳的调节为线索，提供支架，引导学生探究神经调节的奥妙，从而考查学生对神经调节相关知识的掌握程度。此题利用学生熟知的生活知识来创设探究情境，启发学生理解科学来自生活，科学藏身于生活中。这样的情境创设既可以让学生体会到科学与生活的密切关系，又有助于学生利用所学的知识来解决实际问题，激发学生探索科学的兴趣，从而培养学生分析和解决问题的能力。在课程实施过程中，对于一些抽象的内容，学生以前可能没有感知过，或者感知难度很大，这时教师应创设利于学生感知事物的情境，使学生形成感性认识，并且基于感性认识，经过思维加工形成概念和规律。

例12　（广东省中考，2023）某农业合作社开展火龙果促花增产实验，探究夜晚不同时间段使用LED灯照明的增产效果，结果如表所示：

表3-1　夜晚不同时间段使用LED灯照明的增产效果

组别	对照组	实验组		
	甲	乙	丙	丁
夜晚照明时间段	①	18：30—22：30	22：30—02：30	02：30—06：30
果实产量/（千克/公顷）	1 980	4 693	9 474	2 940

据表分析，下列叙述错误的是（　　　　）

A. ①的处理是夜晚无照明　　　B. 各实验组的照明时长相同

C. 增产效果乙＞丙＞丁　　　　D. 丙组处理方法最具推广价值

此题考查光合作用原理在生产上的应用、光合作用吸收二氧化碳释放氧气两个知识点。

一般来说，对实验变量进行处理的就是实验组，没有处理的就是对照组。所以①的处理是夜晚无照明，A正确；对照实验要保持单一变量，所以各实验组的照明时长相同，B 正确；由表格中的信息可知，增产效果是丙＞乙＞丁，C 错误；由表格中的信息可知，丙组的果实产量最高，所以丙组的处理方法最具推广价值，D 正确。故选 C。解答此题的关键是明确光合作用原理在生产上的应用。

　　火龙果是学生熟悉的水果，LED 灯是学生生活中常见的物品；光合作用能合成有机物，延长光照时间和增大光照强度能提高农作物的产量，这些都是学生熟知的。此题创设了 LED 灯在不同时间段照明的增产效果的实验情境，引发学生的认识冲突，形成悬念，容易激发学生的探索热情，促进学生对已有知识和经验的利用。另外，此题将学生熟悉的生产生活知识与生物学知识联系在一起，知识源于生活实践，是对生活实践的总结和升华，学习科学文化知识，就是为了用理论知识去解释和解决生活实践中的一些问题。

　　例 13　（四川广安中考，2023）　每年 10 月 15 日是"世界洗手日"，洗手看似简单，殊不知其中大有学问。某校生物兴趣小组的两位同学利用盛有无菌培养基的培养装置，分别设计了洗手能减少手上细菌数量的验证实验。（注：细菌在培养基上大量繁殖会形成菌落。）

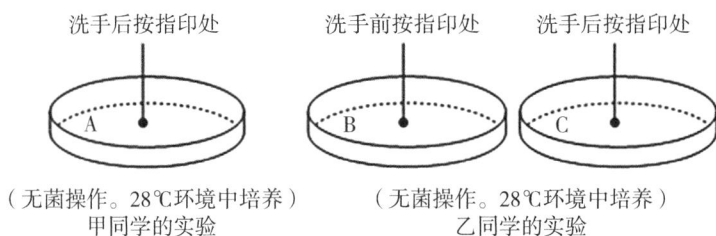

图 3 – 5　洗手能减少手上细菌数量的验证实验

　　（1）你认为＿＿＿＿＿同学的设计更合理。

　　（2）该实验的变量是＿＿＿＿＿。

　　（3）一段时间后发现 C 培养装置中的菌落数量明显少于 B，则该实验的结论是＿＿＿＿＿。

　　（4）为了避免实验的偶然性，提高结果的可靠性，你的改进措施是＿＿＿＿＿＿＿＿。

　　此题考查了检测不同环境中的细菌和真菌的知识点。在科学实验中，往往只选择一个变量。为了研究变量对研究对象的影响，需要设计对照实验，这样可以增强实验结论的说服力。在对照实验中，除了已选择的实验变量不同外，其他条件应完全相同。在上述实验中，甲同学没有设计对照实验，而乙同学设计了对照实验，更具有说服力。两位同学利用盛有无菌培养基的培养装置，分别设计了洗手能减少手上细菌数量的验证实验，该实验的变量是"是否洗手"。一段时间后发现 C 培养装置中的菌落数量明显少于 B，则该实验的结论是洗手能减少手上细菌的数量。一次实验可能具有偶然性，为了避免实验的偶然性，提高结果的可靠性，应设置重复组。故答案为：(1) 乙；(2) 是否洗手 (答案合理即可得分)；(3) 洗手能减少手上细菌的数量 (答案合理即可得分)；(4) 重复实验 (答"增加培养装置数量同步实验"也得分，答案合理即可)。理解对照实验和变量的唯一性并学会分析和提取有效的资料信息是解题的关键。

洗手是学生非常熟悉的生活事件，学生也了解手上是有细菌的。教师可以通过创设相关联的生活情境，将生物学教学内容中所涉及的真实场景展示在学生面前，让学生仿佛参与到真实生活中；联系已有知识经验进行探究，并通过探究进行分析，让他们在真实生活的世界中感受、体验、领悟并获得发展。这样既能帮助学生理解所学知识，又能激发学生的学习兴趣，切实培养学生的实践探究能力。

例 14　(湖北孝感中考，2023)"鹰击长空，鱼翔浅底。"动物运动方式多种多样。如图为某生物学习小组利用硬纸板 (代表骨)、适当长度的松紧带 (代表肌肉) 和工字钉 (代表关节) 制作的模型，用来模拟肌肉率动骨运动的过程。下列相关叙述正确的是 (　　　　)

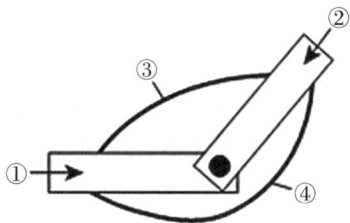

图 3 - 6　某生物学习小组制作的模型

A. 用工字钉将①和②相连，模拟运动系统中的一块骨

B. 若用该模型模拟屈肘运动，则③④都舒张

C. 运动系统主要是由骨、关节和肌肉组成

D. 只要运动系统完好，动物就能正常运动

　　此题考查了脊椎动物运动系统的组成和功能，骨骼肌在运动中的协作关系，骨、关节、骨骼肌的协调配合与运动的产生，动物的运动等知识点。图中的①和②两块木板相当于运动系统中的两块骨，而不是一块骨，A 错误；若用该模型模拟屈肘运动，则③模拟的肱二头肌会收缩，④模拟的肱三头肌会舒张，B 错误；运动系统主要由骨、关节和肌肉组成，C 正确；运动并不是仅靠运动系统来完成的，它需要神经系统的控制和调节，需要能量的供应，因此还需要消化系统、呼吸系统、循环系统等系统的配合，D 错误。故选 C。掌握运动系统的组成及运动的产生是解题的关键。

　　模型制作可以帮助学生对生物学习中遇到的疑难问题进行抽象处理，利用模型的形（形象化、直观化、简约化）去揭示原型的神（形态、特征、本质和规律）。此题通过创设模型实验情境，让学生借助模型探索抽象的生物学知识，激发学生学习、钻研生物学知识的兴趣，进一步拓展学生的生物学知识面，也有利于进一步发展学生的想象力、创造力和动手操作能力，落实学生核心素养的培养。

第四节　培养态度责任的命题情境例析

　　态度责任是指在科学态度、健康意识和社会责任等方面的自我要求和责任担当。其中，科学态度是指乐于探索自然界的奥秘，具有严谨求实、勇于质疑、理性包容的心理倾向；健康意识是指在掌握人体生理和卫生保健知识的基础上，关注身体内外各种因素对健康的影响，形成健康生活的态度和行为习惯；社会责任是指基于对生物学的认识及对科学、技术、社会、环境相互关系的理解，参与个人和社会事务的讨论，作出理性解释和判断，解决生产生活问题的责任担当和能力。在课程实施过程中，教师要引导学生关注身体内外各种因素对健康的影响，在饮食作息、体育锻炼、疾病预防等方面形成健康生活的态度和行为习惯；能够基于生命观念和科学思维，破除封建迷信，反对伪科学；理解科学、技术、社会、环境的相互关系，参与社会性科学议题的讨论；初步形成生态文明观念，践行"绿水青山就是金山银山"的理念，积极参与环境保护实践，立志成为美丽中国的建设者；主动宣传关于生命安全与健康的观念和知识，成为健康中国的促进者和实践者。

　　例 15　（广东省中考，2023）广东是改革开放的排头兵、先行地、实验

区。深圳的"拓荒牛"铜雕（如图）是改革开放 40 多年来创新发展、攻坚克难的象征。从分类学角度看，牛属于（　　　）

图 3 - 7　深圳的"拓荒牛"铜雕

A. 节肢动物　　　B. 两栖动物　　　C. 爬行动物　　　D. 哺乳动物

此题考查了对动物进行分类、节肢动物的主要特征及其与人类的关系、两栖动物的主要特征、哺乳动物的主要特征等知识点。哺乳动物的主要特征为体表有毛，牙齿分化，体腔内有膈，心脏四腔，用肺呼吸，大脑发达，体温恒定，胎生，哺乳。哺乳动物的生殖方式为胎生，胚胎在母体子宫里发育成胎儿，胎儿从母体生出来，这种生殖方式为胎生，刚出生的幼体只能靠母体乳腺分泌的乳汁生活，称为哺乳。胎生哺乳是哺乳动物独有的特征，其他动物没有。牛的幼体是在母体子宫内发育成熟后由母体生出的，出生后母体用乳汁来喂养幼畜，因此，牛属于哺乳动物。故选 D。解答此类题目的关键是熟记胎生哺乳是哺乳动物独有的特征。

深圳的"拓荒牛"铜雕象征着敢闯敢试、敢为人先、埋头苦干的特区精神，激励大家勇当新时代的"拓荒牛"，正是一批批实干者、创新者以特区精神为动力，砥砺奋进，迎难而上，才创造了新时代的伟大奇迹。以"拓荒牛"铜雕作为情境素材，激励学生以一往无前的奋斗姿态、风雨无阻的精神状态，为实现更高起点、更高质量、更可持续的发展而努力奋斗，从而培养学生的社会责任感和奉献精神。

例 16　（广东省中考，2023）2023 年 5 月，我国科考队员在西藏自治区林芝市发现了一棵高达 102.3 米的柏木，该柏木是目前已知的亚洲第一高树。决定树高的根本因素是（　　　）

A. 光照强度　　　B. 遗传物质　　　C. 土壤肥力　　　D. 地心引力

此题考查了基因控制生物的性状、环境对生物的影响等知识点。树高属于生物的性状，生物的性状是由基因控制的，而基因是具有遗传效应的 DNA 片段，DNA 是生物体的主要遗传物质，故决定该柏木树高性状的根本原因是其体内的遗传物质。故选 B。解答此类题目的关键是熟知遗传物质控制生物的性状。

一支由北大牵头的野生物种联合调查队在位于雅鲁藏布国家级自然保护区的林芝市波密县通麦镇境内，发现了一棵高达 102.3 米的西藏柏木，一举将我国最高树木的高度由 83.4 米拔高到了 100 米以上，增加的高度近 20 米。一代代青藏科考人在恶劣的自然环境下踏冰卧雪、扎根高原，不畏艰险、勇攀高峰，通过这样的情境创设，引导学生领略其闪耀的科学人文光芒，续写新时代青藏科考精神。

例 17　（云南省中考，2021）随着人类活动对全球气候的影响，气候危机的范围越来越广。2020 年 9 月我国向世界宣布了 2030 年前实现碳达峰（二氧化碳排放不再增长），2060 年前实现碳中和（二氧化碳净零排放）的目标。下图是某生态系统的物质循环（碳循环）示意图，据图回答下列问题。

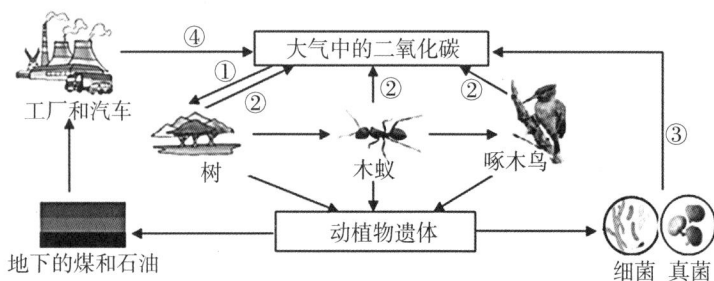

图 3-8　某生态系统的物质循环（碳循环）示意图

（1）从图中可以看出，生态系统的组成成分包括生物部分和_____部分。细菌和真菌在其中扮演的角色是_____。

（2）写出图中的一条食物链：_____。

（3）大树等绿色植物通过_____作用吸收大气中的二氧化碳，释放氧气，以维持生物圈中的碳—氧平衡。

（4）图中二氧化碳排放的途径有_____（填序号）。为早日实现碳达峰和碳中和，作为中学生的你，在护绿、低碳方面能做些什么？（答出一条即可）

　　此题的考点有生态系统的组成及各部分的作用、生态系统中的食物链和食物网、绿色植物有助于维持生物圈中的碳—氧平衡、温室效应和臭氧层破坏造成的影响及其防治、生物与环境组成生态系统。掌握食物链的正确书写、光合作用的意义及保护生物多样性的措施是解题的关键。生态系统的组成包括非生物部分和生物部分。非生物部分有阳光、空气、水、温度、土壤（泥沙）等；生物部分包括生产者（绿色植物）、消费者（动物）、分解者（细菌和真菌）。细菌和真菌会分解动植物遗体或动物的排泄物，取得有机物，进而生成无机物，供给植物进行光合作用，进入生态循环，真菌和细菌在生态系统中扮演分解者。生产者和消费者之间是吃与被吃的关系，从而构成食物链。图中的食物链为：树→木蚁→啄木鸟。绿色植物通过①光合作用释放氧气，不断吸收大气中的二氧化碳，维持了生物圈中碳—氧的相对平衡。图中②③④都能产生二氧化碳。"低碳生活"是指生活作息时所耗用的能量要尽量减少，从而减低碳，特别是二氧化碳的排放量，减少对大气的污染，减缓生态恶化。我们可以从节电、节气和回收三个方面来改变生活细节，如节约用电（如随手关灯、关电脑等）、骑自行车、乘公交车、使用太阳能热水器、参与植树、不用一次性筷子等。故答案为：（1）非生物；分解者。（2）树→木蚁→啄木鸟。（3）光合。（4）②③④。如多步行，少坐车；参与植树；不用一次性筷子等。

　　此题简单介绍了何为"碳达峰""碳中和"，以这两个热点名词创设情境，引起了学生的兴趣，也激发了学生的探索欲望。全球气候变暖已日益成为危及人类生存的严重问题。频繁发生的灾害性气候所引发的泥石流、暴风雨雪、不断上升的海平面、逐渐消失的冰川、洪水、干旱……已经给人类生存带来了巨大的威胁。此题通过情境的创设及知识点的考查，鼓舞学生积极参与美丽中国建设。

　　例18　（内蒙古自治区兴安盟、呼伦贝尔中考，2022）近些年来，呼伦贝尔市和兴安盟认真贯彻习近平总书记的"绿水青山就是金山银山"的生态文明思想，着力开展退耕还草、还林工作，切实打造"天更蓝地更绿水更清"的生态环境。下列有关生物与环境的说法正确的是（　　　　　）

　　A. 生物的环境是指生物的生存地点

　　B. 非生物因素只有阳光、温度和水

　　C. 生物既受环境影响，也能影响环境

　　D. 同种生物个体之间只有竞争关系

此题考查了环境对生物的影响、生物对环境的适应、生物对环境的影响、生态因素、生物与环境的关系等知识点。生物的生活环境不仅指生物的生存地点，还包括生物周围的各种因素。非生物因素如温度、食物、光、空气、水等。而阳光、空气、水、营养物质、适宜的温度、一定的生存空间等，这些都属于环境，因此，单一说生物的生活环境是指生物的生存地点具有片面性，A错误。环境影响生物的生存，环境中影响生物生活的各种因素叫作环境因素，分为非生物因素和生物因素。非生物因素包括阳光、温度、水、空气、土壤等，所以说非生物因素只有阳光、温度和水是错误的，B错误。生物必须适应环境才能生存，如沙漠上的植物必须耐旱才能生存。生物也能影响环境，如蚯蚓改良土壤，"千里之堤，毁于蚁穴"，植物的蒸腾作用可以增加空气湿度等，C正确。同种生物的个体之间由于相互争夺食物、配偶、巢穴等，会发生竞争关系；但是同种生物的个体之间也有合作关系，如蜜蜂、蚂蚁、狒狒、猕猴等。因此，同种生物的个体之间既有竞争关系又有合作互助关系，D错误。故选C。解答此类题目的关键是熟记生物生存的环境，以及生物与环境之间的关系。

宣传环境保护知识，倡导文明健康、绿色环保的生活方式，促进人与自然和谐共生，明白保护环境是我国的一项基本国策，是我们每个公民应该履行的义务。此题通过情境创设，使学生明白必须大力建设生态文明，以资源环境承载能力为基础，以自然规律为准则，以可持续发展、人与自然和谐共存为目标，坚持"绿水青山就是金山银山"的理念，坚定走生产发展、生活富裕、生态良好的文明发展道路，建设美丽中国。同时，引导中学生形成生态文明观念，积极参与环境保护实践，通过实际行动传递正确的发展理念，立志成为美丽中国的建设者，培养服务社会的核心意识。

例19　（江苏宿迁中考，2023）2023年5月20日是第34个"中国学生营养日"，主题为"科学食养，助力儿童健康成长"，目的在于宣传学生时期营养的重要性。下列关于合理膳食的说法，不正确的是（　　　　）

A. 每天以蔬菜和水果为主食，以补充身体生长、发育等生理活动所需的营养

B. 不吃发霉的食物，因为长期吃发霉的食物容易诱发癌症

C. 全天热量分配，早、中、晚三餐比例为3∶4∶3

D. 少吃太咸的食物，食盐摄入过多，患高血压的风险会增大

此题考查了注意合理营养、关注食品安全等知识点。每天以蔬菜水果为主

食，没有糖类、蛋白质和脂肪等能源物质的摄入，营养结构不合理，A 错误；发霉变质的食物含有毒素，长期吃霉变的食物容易诱发癌变，B 正确；为了保持身体健康，必须保证每日三餐，按时进餐，在每日摄入的总能量中，早、中、晚餐的能量比例应为 3∶4∶3，C 正确；少吃太咸的食物，因为太咸易使人血压升高，患高血压的风险会增大，D 正确。故选 A。人体如果缺乏某些营养，就容易患病，因此要均衡地摄取各种食物，以保证对各种营养的均衡吸收，促进人体健康发展。

随着社会的不断发展，人们生活水平的持续提高，中国学生的营养健康逐渐成为全社会关注的焦点。每年的 5 月 20 日被定为"中国学生营养日"，设立"中国学生营养日"的目的在于广泛、深入地宣传学生时期营养的重要性，大力普及营养知识。以一年一度的"中国学生营养日"为命题情境，引导学生明白儿童青少年阶段生长发育迅速，均衡营养是儿童青少年智力和体格正常发育乃至一生健康的基础，养成健康的饮食习惯和生活方式将使他们受益终身，进而启发学生在儿童时期注意营养摄入，意识到保护身体健康的重要性。

第五节　综合考查类命题例析

部分题目综合考查学生是否形成正确的价值观、必备品格和关键能力，考查内容包括生命观念、科学思维、探究实践、态度责任，综合考核课程的育人价值的成果。

例 20 （广东省中考，2022）幽门螺杆菌是一种细菌，感染后会引发慢性胃炎，甚至可能会导致胃癌的发生。使用公筷能有效地预防幽门螺杆菌在人与人之间传播。下列有关幽门螺杆菌的说法正确的是（　　　）

A. 是一种多细胞生物　　　　B. 使用公筷可切断其传播途径

C. 具有成形的细胞核　　　　D. 是能够传播病原体的传染源

此题的情境与选项结合得非常合理，综合考查了核心素养所涉及的方方面面。具体论述如下：

（1）结合社会议题，科普卫生知识。中国疾控中心传染病预防控制所发布的《中国幽门螺杆菌感染防控》白皮书显示，我国约有 7 亿人感染幽门螺杆菌，感染率高达 50%。本题以这一社会热议话题为情境材料，以幽门螺杆菌对人体可能会产生的危害及如何预防其传播作为题干背景。A、C 两个选项考查的是学生能否概述细菌这个类群的特征。B、D 两个选项，一方面考查学生能否分析细菌这一类群与人类生活的关系，能否举例说明传染病对人体产生的危害；另一方面引导学生关注流行病的社会性议题，考查学生是否了解传染病流行的各个环节，能否从个人与他人多个层面提出有效的方案以有效预防传染病的流行，比如使用公筷。通过题目情境的创设及选项的考查，对学生进行科普教育，使学生知道幽门螺杆菌是什么，了解幽门螺杆菌对人体可能造成的危害，为什么要预防感染，在生活中如何有效地预防感染，从而更好地保护自己与他人的身体健康，较好地普及了相关医学卫生知识。

（2）强化生命观念，弘扬社会文明。幽门螺杆菌是一种细菌，感染后会引发慢性胃炎，甚至可能会导致胃癌的发生，从而危害人的生命。使用公筷能有效地切断幽门螺杆菌的传播途径。命题者依托教材中细菌的特征、传染病的预防措施、病原体的概念、传染源的概念等知识，通过精心设计，既有效地考查了教材知识，又引导学生认识到，想要保护自己和他人的身体健康，避免传染这一病菌，就要注意个人卫生和公共卫生，使用公筷，以切断传播途径。筷子起源于中国，是华夏饮食文化的标志之一，公筷亦起源于中国，使用公筷在中国有着悠久的历史。推行使用公筷，能有效地切断幽门螺杆菌的传播途径，这既是在普及医学卫生知识，也是在弘扬中华传统文化，大力传播社会文明。

（3）合理拓展知识，渗透理性思维。在考查教材中关于细菌的特征、病原体、传染源等知识点的同时，此题也对教材知识作了适当的拓展。教材中介绍了细菌的特征，但并没有幽门螺杆菌的特点、预防措施等相关知识，作为一种跟人们健康生活息息相关的细菌，幽门螺杆菌的感染率高，家庭式病例中常见的幽门螺杆菌感染多为筷子"零接触"所致。预防幽门螺杆菌感染是一个重要的社会性议题，普及相关卫生知识具有重要的价值与意义。命题者精心选择这一题材创设情境，并通过合理拓展学科知识，引导学生认识到幽门螺杆菌是一种细菌，具有传染的特征，人感染后会引发慢性胃炎，甚至可能会导致胃癌的发生，使用公筷能有效地切断其传播途径，预防幽门螺杆菌在人与人之间传播。按照这一逻辑思路，步步推导，就能有效地培养学生的理性思维，引导学生根据事物之间的因果关系，层层分析、步步推导，最终获得答案。

（4）突出学以致用，强化社会责任。此题在引导学生获得答案的同时，也告诉学生，要想切断传染链，消除传染源，保护我们的身体健康，就需要我们每个人都行动起来，不仅要注意个人卫生，加强身体锻炼，养成健康生活的态度、习惯和行为，还要增强社会责任意识，注意公共卫生，就餐时使用公筷等，这些将有助于传染病的预防，保护自己和他人的健康，为健康中国作出应有的贡献。

例21 （广东省中考，2023）合成生物学是当前生物学领域的研究热点之一，我国科学家利用经基因改造的酵母菌，以玉米秸秆（主要成分是纤维素）为原料合成淀粉和蛋白质。下列叙述错误的是（　　　　）

A. 酵母菌能进行光合作用

B. 人体无法消化吸收纤维素

C. 淀粉和蛋白质可以供能

D. 该技术为粮食生产提供新思路

此题是在教育部等十八部门联合印发了《关于加强新时代中小学科学教育工作的意见》（以下简称《意见》）的背景下命制的，体现了义务教育命题的特征，即基础性、普及性，也符合《意见》的精神，在教育"双减"中做好科学教育加法。具体论述如下：

（1）起点高落点低，渗透科普教育。2023年1月6日，中国农业科学院生物技术研究所微生物蛋白设计与智造创新团队与中国科学院天津工业生物技术研究所合作，开发了一种利用玉米秸秆高效生物合成人造淀粉和单细胞蛋白的新技术，进一步降低了人造淀粉的生产成本，为粮食生产提供了新的途径。此题利用这一最新前沿科技热点作为题干阅读材料，取材新颖，启发教师在实施课程教学中，要引导学生关注前沿科技，了解科学技术发展动态，也启发学生在日常生活中，要多关注时事热点，了解科技前沿，紧跟科学技术发展的步伐，考查的起点比较高。此题虽然综合考查转基因技术、人体需要的主要营养物质、真菌的营养方式和生殖方式、发酵技术在食品制作中的作用等几个知识点，有一定的发散性，但考查的是相对基础的生物学知识，试题的难度系数相对较小，考查的落脚点比较低。通过高起点和低落点相结合，一方面达到了渗透科普教育的目的，另一方面也考查了学生对基础的生物学知识的掌握情况。

（2）创设真实情境，厚植家国情怀。合成生物学是当前生物学领域的研究热点之一，我国科学家不但站在当前全球生物学领域研究热点的制高点，而且领先于其他国家在合成生物学领域取得了突破性的研究成果，利用经基因改造的酵母菌，以纤维素为原料合成淀粉和蛋白质。此题以我国领先突破的科技成果作为情境素材，学生通过答题，可以了解我国科学家在生物学领域这一重大的研究成果，激发对国家科学技术发展前景的自信心和自豪感，以及在日后的学习生活中关注科技前沿热点的热情，逐渐在心中种下科学的种子，树立当科学家的理想。命题者重视发挥考试的育人功能，在题目的命制过程中渗透社会主义核心价值观，以润物细无声的方式增强学生的国家认同感、民族自豪感，厚植学生的家国情怀。

（3）增强创新意识，培养科学精神。科学精神包括探索求知的理性精神、实事求是的严谨精神、批判创新的进取精神和互助共进的协作精神。《意见》指出，要以"让学生接触世界最前沿的科技成果，在看见世界中寻找'自己'、寻找'热爱'、寻找'方向'"为核心价值追求。"玉米秸秆"和"淀粉、蛋白质"看似毫无干系，但中国农业科学院生物技术研究所微生物蛋白设计与智造创新团队与中国科学院天津工业生物技术研究所的科学家通力合作，通过科学创新"变废为粮"，创造了生物学领域的奇迹。此题以创新科技成果作为题干材料，激励学生敢于迎接未来科学技术的挑战，敢于尝试，勇于创新，善于探索和实践。这项科技成果是科学家们通力合作完成的，只有善于合作的人，才有机会取得成功与发展。这类题目可以培养学生的团队合作意识。

（4）突出学以致用，强化责任态度。粮食问题一直是全球科学工作者共同关注的问题，全球人口快速增长和气候变化可能会引发新的粮食危机。将农业废弃物资源高效转化为人造粮食是缓解粮食危机的重要途径，将非食用植物的纤维素转化为可食用的淀粉是其中的重要方法之一。此题介绍了我国这一科技成果，一方面可以让学生意识到生物学研究与当今世界面临的粮食、人口、环境、资源等重大问题直接相关，学习生物学知识对人类社会的发展有着非常重要的作用，进而激发学生对生物学的热爱，坚定从事生物学领域探索的决心；另一方面可以强化学生的责任意识，树立为人类社会的文明发展、科学技术的创新发展而奋斗的远大理想，推动构建人类命运共同体。

例22　（广东省中考，2023）2023年4月10日至13日，习近平总书记在广东考察时强调："中国是一个有着14亿多人口的大国，解决好吃饭问题、保障粮食安全，要树立大食物观，既向陆地要食物，也向海洋要食物，耕海牧渔，建设海上牧场、'蓝色粮仓'。"

资料一：深海智能网箱养殖是我国的一种新兴养殖模式，在远离海岸线海域养殖石斑鱼、金鲳鱼和大黄鱼等名贵鱼种。单个网箱一般深20～40米、容积超6万立方米，年鱼产量可达1 000吨。网箱利用水下摄像机、传感器、5G网络和北斗定位系统等设备建构了智能管理系统，采集水质及鱼群生长状况等数据并传送到信息控制中心，实现监测水质、自动调控投饵机投放饲料和清洗渔网等功能。

资料二：除大力推进深海智能网箱建设外，广东省还将充分发挥地理区位和经济优势，进一步建设"蓝色粮仓"，希望在约42万平方千米的海域上"再造一个海上新广东"。

请回答：

（1）鱼类含有蛋白质、_____、糖类、维生素、无机盐和水等营养物质，是重要的食物来源。_____是蛋白质在人体内消化的最终产物，主要在_____（填器官）被吸收。

（2）石斑鱼用_____呼吸，通过_____来游泳，在水质好、水流快的环境中养殖可达到"类野生"的品质。深海智能网箱中的水质、水温、藻类和小鱼虾等均会影响石斑鱼的生长，这些因素统称为_____。

（3）根据资料一可推知，网箱的智能管理系统与反射弧的结构类似，其中水下摄像机和投饵机分别相当于反射弧结构中的_____、_____。

（4）广东省在建设"蓝色粮仓"方面有得天独厚的优势，请你结合资料二分析原因（写出一条即可）：_____。

此题涉及3个考点：食物的消化和营养物质的吸收过程；环境对生物的影响；人体需要的主要营养物质。从专题来看，涉及阅读理解类简答题、归纳推理、生物与环境的关系、人体的消化系统。解答此题的关键是明确人体需要的主要营养物质、食物的消化和营养物质的吸收过程及人类活动对环境的影响。

鱼类含有蛋白质、脂肪、糖类、维生素、无机盐和水等营养物质，是重要的食物来源。小肠是消化食物和吸收营养物质的主要器官。氨基酸是蛋白质在人体内消化的最终产物，主要在小肠被吸收。鱼类用鳃呼吸，用鳍游泳。环境中影响生物的形态、生理和分布等的因素，包括生物因素和非生物因素，深海智能网箱中的水质、水温、藻类和小鱼虾等均会影响石斑鱼的生长，这些因素统称为生态因素。根据资料一可推知，网箱的智能管理系统与反射弧的结构类似，其中水下摄像机和投饵机分别相当于反射弧结构中的感受器、效应器。广东省在建设"蓝色粮仓"方面有得天独厚的优势，如广东省沿海城市多、海岸线长等，适合网箱养殖。

答案为：（1）脂肪；氨基酸；小肠。（2）鳃；鳍；生态因素。（3）感受器；效应器。（4）广东省沿海城市多（或海岸线长），适合网箱养殖。

具体论述如下：

（1）把握试题之"魂"。任何试题之"魂"，都是素养立意，指向学科育人。此题通过设置开放的、真实的问题情境，考查学生的核心素养水平，凸显"育人为本、素养铸魂"的命题思想和价值取向。此题以习近平总书记在广东考察时的重要讲话作为阅读材料的一部分，引导学生形成心系祖国、心系百姓、关心民生的正确价值观。将深海智能网箱养殖这一新兴养殖模式作为新情境，可以考查学生对反射弧相关知识的理解，以及运用科学思维、探讨真实情境中的生物学问题的能力。除大力推进深海智能网箱建设外，广东省还将充分发挥地理区位和经济优势，进一步建设"蓝色粮仓"，希望在约42万平方千米的海域上"再造一个海上新广东"。这一情境信息可以激发学生"乐于探索自然界的奥秘，关注生物科学和生物技术的新进展及其对个人和社会发展的促进作用"。此题透过现象看本质，通过创设情境挖掘生物学学科育人的本质。

（2）分析解题之"策"。此题考查了"运用科学思维，探讨真实情境中的生物学问题，参与社会性科学议题的讨论"的能力，涉及的学科知识是人体需要的主要营养物质、食物的消化和营养物质的吸收过程及人类活动对环境的影响。前面两个小题围绕相关知识点展开作答即可。第三个小题则要求学生面对新情境，在实际答题过程中，熟知教材中反射弧的相关知识点，将深海智能网箱的新情境分析到位，了解深海智能网箱的操作模式，并能将情境与知识点有效连接，紧紧围绕情境，有层次、有梯度地分析和解决相关问题，这是本小题的突破点。在课程实施过程中，教师要在学生熟悉教材内容、掌握知识体系的基础上，让学生建立起教材知识、教材实例与情境内容的有效连接，从教材相似情境出发，最终回到教材知识点，培养学生从认识事物到解决实际问题的思维能力。第四个小题是开放性题目，考查的是学生对生产生活的了解和理解，从而激发学习科学知识的兴趣、保护海洋环境的意识和社会责任感。此类问题的作答，需要学生联系生产生活经验，简明扼要地答到要点上，不可长篇大论、语无伦次。

（3）论述命题之"意"。是否具有立德树人、服务考试、引导教学等功能，是衡量试题质量高低的标准。题干以习近平总书记在广东考察时强调的"解决好吃饭问题、保障粮食安全"的讲话片段作为情境素材，表达了习近平总书记对百姓冷暖、民生福祉的牵挂。此题的情境创设增强了学生保障粮食安全的责任感和使命感，引导他们立志成才，未来亲身参与新产品研发和设备、技术更新改进。此题坚持正确的思想导向和价值引领，体现了试题立德树人的高度。

　　学业水平考试的目的是"反映学生核心素养的发展状况，发挥对生物学教学改革的正向引导作用"。此题具有应用性、探究性和综合性，考查了学生的学科思维能力、综合运用能力以及与之相适应的品质、经验和态度，实现了对核心素养导向的义务教育生物学课程学业质量的全面考查。

　　素养作为在教育过程中逐渐形成的正确价值观、必备品格和关键能力，可以通过考试进行评判，却无法通过考试养成，只能通过具有一定品质的教学才能形成。学业水平考试作为一种教育评价行为，不仅要发挥其鉴定、考核功能，更应该发挥其对教学的"指挥棒"功能，引导教学。此题注重情境创设，引导教师们在课程实施过程中要加强学科教学与社会实际、学生生活的联系，通过与时事热点的连接，引导学生坚定理想信念、厚植爱国情怀，落实立德树人的根本任务。

第四章　初中生物学情境教学案例

第一节　基于大单元情境的"单细胞生物"教学设计[①]

《普通高中生物学课程标准》（2017 年版）明确提出，为了帮助学生形成正确的生物学重要概念进而建立生命观念，教师一方面需要提供丰富的有代表性的事实，也就是学生熟悉易理解的情境来为学生的概念形成提供支撑；另一方面，教学活动不应仅仅停留在让学生记住一些零散的生物学事实的层面上，而是要通过对事实的抽象和概括，帮助学生建立生物学概念，并以此来建构合理的知识框架，为学生能够在新情境下解决相关问题奠定基础。本节课内容对应《义务教育生物学课程标准》（2022 年版）第一个主题"生物体的结构层次"中的概念 1，课标中的具体描述为：生物体具有一定的结构层次，能够完成各项生命活动。细胞是生物体结构和功能的基本单位，一些生物由单细胞构成，一些生物由多细胞构成。相关学业要求为：运用控制变量的方法，设计简单实验，探究单细胞生物的运动或趋性。

一、教材分析及设计思路

本节课是人教版初中生物学教材七年级上册第二单元"生物体的结构层次"第二章"细胞怎样构成生物体"第四节的内容。本节课通过大单元情境下"解锁番茄密码"，针对番茄生病情况分析，引入单细胞生物，讲述草履虫的形态结构特点和生命活动特点，使学生认识到单细胞生物可以独立完成生命活动，这也是本节课的重点和难点。因此，教材安排了两大活动：观察和探究。通过第一个观察活动，说明草履虫是一种生物；通过第二个观察活动，学

---

① 本教学设计的撰写人为深圳市宝安区宝安中学（集团）初中部教师刘雪姣。

生认识到草履虫是一个细胞，同时这个细胞还能完成一个生物体的所有生命活动；通过探究"草履虫对外界刺激有反应吗"这个活动，进一步说明草履虫是一个生物体。这两大活动既培养了学生的观察能力、思维能力、分析问题以及解决问题的能力，又培养了学生的小组合作意识，对学生进一步理解细胞是怎样构成生物体的有很大的帮助。

由于单细胞生物个体微小，用肉眼不易观察，因此在探究草履虫对外界刺激的反应活动中，需要学生制订探究计划。学生已有了科学探究的基础，但仍然处于初步掌握阶段，教师在教学过程中要善于一步步设疑，引导学生制订出草履虫对外界刺激可能产生反应的实验方案，帮助学生实施方案并分析实验结果，得出实验结论。实验过程中，教师要让学生直观感受草履虫对外界刺激的反应，帮助学生理解单细胞生物对环境变化的反应。探究时要借助显微镜观察，由于学生对显微镜的使用不够熟练，因此需要教师适时指导，并提倡加强学生之间的合作。

二、教学目标

（一）核心素养目标

1. 生命观念

观察并说出草履虫的细胞结构和功能，说明单细胞生物可以依靠一个细胞完成各项生命活动。

2. 科学思维

在亲历提出问题、获取信息、寻找证据、检验假设、发现规律等过程中习得单细胞的生物学知识，进一步养成科学思维习惯，形成积极的科学态度，学会知识的迁移和运用。

3. 科学探究

通过使用显微镜观察草履虫的形态结构，设计简单实验探究草履虫的运动趋性，逐步提升科学探究能力。

4. 态度责任

通过了解单细胞生物对人类的益处和害处，增强热爱环境的意识。

（二）重点难点

1. 重点

单细胞生物可以独立完成生命活动；单细胞生物能对外界刺激产生反应。

2. 难点

运用科学探究的一般方法，探究草履虫对外界刺激的反应。

三、教学过程

（一）创设情境，提出核心问题

教师播放视频"番茄的细菌性叶斑"，番茄细菌性斑疹病是危害全世界番茄生产的重要病害之一，主要危害叶、茎、花、叶柄和果实，尤以叶缘及未成熟果实最为明显。该病发病时植株生长缓慢，果实膨大受阻，会影响果实质量。病害发生后，一般减产 10%~30%，严重地块减产 50% 以上。番茄细菌性斑疹病的防治方法主要有加强检疫，防止带菌种子传入非疫区，展示科学家用显微镜下观察到的叶斑中的病菌情况，然后展示动植物细胞结构的模式图，提出问题："你们发现它们的结构有什么共同之处？"引出单细胞生物的概念，进而展示草履虫的结构模式图，提出问题："草履虫是单细胞生物吗？"

设计意图：通过具体实例初步了解单细胞生物的形态结构和生命活动，经推理得出概念。应用概念分析质疑其他实例，准备进一步观察研究。

（二）任务1：草履虫的外形和运动

教师播放视频，学生看到很多透明小点在不停游动，教师提出问题："它们这么小，是生物吗？"及时抓住这一科学问题，反问学生："如何判断草履虫是生物呢？"引导学生回顾"生物的主要特征"并思考作答。

学生观察草履虫的形态、运动，教师再次提出以下问题：

（1）从培养液中吸取草履虫的最佳部位是哪里？为什么？说明它有什么特征？

（2）为什么要在载玻片培养液的液滴上放几丝棉花纤维？说明它有什么特征？

（3）草履虫的形状是怎样的？它靠什么运动？它怎样运动？它有什么特征？

设计意图：首先，通过层层递进的问题有目的、有步骤地组织学生认真仔细观察，增强感性认识。然后，启发学生进行客观描述、深度思考、作出科学解释，以此培养学生的表达能力，逐步养成科学思维。

（三）任务 2：草履虫的结构和功能

1. 通过视频观察草履虫的结构及生命活动

（1）复习回顾生物的基本特征，分析哪些属于生命活动。

（2）观察并画出草履虫的结构。

（3）对照草履虫的结构示意图及视频，通过观察分析归纳出草履虫的基本结构及功能。

设计意图：依据生物的特征，观察分析草履虫的结构和生活，归纳总结草履虫作为单细胞生物是怎样独立进行各项正常的生命活动的。通过提出问题，从已知概念中获取分析方法，在观察生物的实例中归纳提炼，训练学生的思维能力。

2. 实验探究

（1）让学生设计探究实验，验证草履虫能否对外界刺激做出反应。根据各自设计的草履虫应激性实验，通过观察分析得出结论：草履虫能对外界刺激做出反应，具有趋利避害的行为特点。

（2）对比动植物细胞的结构，认识到草履虫是由一个细胞组成的生物。

（3）总结归纳：草履虫具有细胞结构，又满足生物的基本特征，是一种单细胞生物。

（4）通过视频展示常见的单细胞生物。

设计意图：结合观察实验和探究实验，学生能认识到草履虫不仅仅是一个细胞，同时这个细胞还能完成一个生物体的所有生命活动。学生直观感受草履虫对外界刺激的反应，更能理解单细胞生物对环境变化的反应。

3. 总结单细胞生物的结构层次

组织学生回忆多细胞生物体的结构层次。

学生作答：被子植物体的结构层次为细胞→组织→器官→植物体；人体的结构层次为细胞→组织→器官→系统→人体。

学生作答：不是所有生物都由多个层次构成，一个细胞也能形成生物体。草履虫的整个个体只由一个细胞构成，属于细胞这个层次。

设计意图：从草履虫这种生物的结构层次，结合回忆多细胞生物体的结构层次，加深学生对结构层次的理解。

（四）任务 3：单细胞生物与人类的关系

学生自主学习后观看视频，进一步辩证地看待单细胞生物与人类的关系，包括有利方面（如草履虫能净化水质）和有害方面（如番茄叶斑病）。

解释赤潮：将含氮磷的有机物排入海洋中，会导致某些单细胞生物大量繁殖，使鱼类和其他浮游生物死亡，生态环境被破坏。

设计意图：通过举例说明、热点讨论等形式，辩证地看待单细胞生物与人类的关系，认同保护水环境的重要性，培养学生热爱环境的态度责任和核心素养。

（五）任务 4：总结与反馈

通过小结，回顾本节课学习的各部分内容，包括多种多样的单细胞生物、单细胞生物的结构和生活、单细胞生物与人类的关系。

通过师生交流点评、生生交流互评，互相补充，对本节课知识进行归纳总结及反馈。

设计意图：检验学生的学习成果，同时关注"单细胞生物可以独立完成生命活动"这一概念的形成过程，关注单细胞生物与人类的关系。

四、教学反思

本节课积极实践新课程理念，尝试将生物学核心素养落实到每一个教学活动中。教学环节流畅，引导学生由外及内、由表及里地对草履虫进行观察，在学生进行活动的同时完成了相应内容的教学，两者相辅相成。由于本节课的难度是有梯度的，符合学生的最近发展区，因此学生都能通过一步步的实验直观了解草履虫。

本节课围绕"草履虫是生物吗"，以草履虫的外部形态为明线，以生物的基本特征为暗线，明确草履虫的结构特点：它是一个单细胞生物，能够独立生活。

在小组合作环节，教师要注意适时进行引导和点拨。评价采取学生自评、学生互评和教师评价等多种方式，有利于学生多方面素养的提升。

不足之处在于基于大单元情境的教学设计联系不够紧密，除了主线情境引导以外，在后续活动环节中体现得不够，思维引导上需要更加细化，让学生能由课时学习回到单元学习的大主题当中，即生物具有一定的结构层次，不同生物的结构层次有差异。

第二节　基于故事情境的"生物遗传"复习教学设计①

《义务教育生物学课程标准》（2022 年版）聚焦核心素养的培养，提倡情境教学、任务驱动。本课程打破传统复习课教师讲解和学生练习的搭配，让复习课有梳理、有应用、有拓展、有趣味。

一、教材分析及设计思路

本节课涉及人教版初中生物学教材八年级下册第七单元第二章第 1、2、3 节的部分内容，主要包括性状和相对性状、遗传物质的构成、基因在亲子代间的传递、基因的显性和隐性等知识点。物种的延续和发展离不开生殖、遗传和变异，本部分生物遗传的内容起到了承上启下的作用，但生物遗传的知识属于微观层次，比较抽象、零散，学生利用所学知识解决实际问题的能力有待提高。因此，本教学设计创设了一个故事情境"妹妹是不是亲生的"，通过一个个任务驱动学生在情境中加深对所学知识的理解、梳理和应用（图 4 - 1）。

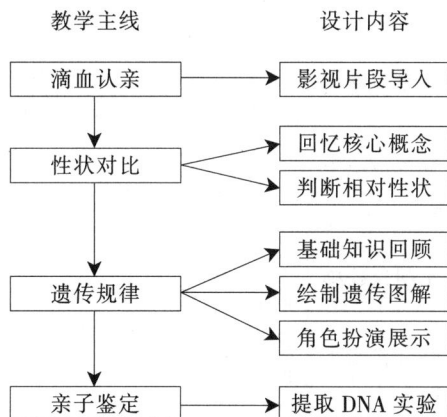

图 4 - 1　教材分析及设计思路

---

① 本教学设计的撰写人为深圳市宝安区宝安中学（集团）实验学校教师李洋洋。

二、教学目标

（1）理解"DNA 是主要的遗传物质""基因通过生殖细胞在亲子代之间传递"等知识点。

（2）表述基因、DNA、染色体之间的关系，说明禁止近亲结婚的原因，认同优生优育观念。

（3）主动利用所学知识参与个人和社会议题的讨论，并作出理性解释，辨别迷信和伪科学。

（4）在实践中求真知，锻炼科学探究能力，在真实情境中迁移知识、活学活用、解决问题。

三、教学过程

表 4 - 1　教学过程

教学要点	教师活动	学生活动	设计意图
滴血认亲	展示影片：播放滴血认亲的影视片段	观看影片	通过影片营造氛围，让学生感受到中国人有史以来对血缘的追寻
性状对比	提供情境：小明发现妹妹不像爸妈 提问引导：分析情境中的生物学问题	走进小明一家的故事，在情境中回忆遗传的核心概念，判断相对性状	引导学生在情境中迁移知识，突破"相对性状"这一难点和易错点
遗传规律	提供情境：小明妹妹确诊白化病 回顾知识：基因在亲子代间的传递规律 绘制图解：查看学生书写情况，查漏补缺 角色扮演：请小组派代表演示隐性遗传病患病的原因	回忆有关显性基因和隐性基因在亲子代间传递的规律 绘制妹妹患白化病的遗传图解 扮演小明爸妈和小明，演绎妹妹患白化病的原因	基础巩固、实际应用、讲给别人听，学习逐步深入 通过对一个白化病家庭的角色扮演，将基因在亲子代间传递的过程显性化，也使得优生优育等观念深入人心，突破有关遗传概率计算的重难点

（续上表）

教学要点	教师活动	学生活动	设计意图
亲子鉴定	知识迁移：引导学生利用所学思考为什么亲子鉴定可以判定亲子关系 介绍过程：介绍亲子鉴定的环节 提取DNA：引导学生规范实验操作	思考亲子鉴定的原理 了解亲子鉴定 做提取草莓中的DNA实验	DNA提取实验可以激发学生的学习热情，加深学生对基因、DNA、染色体之间关系的理解（即DNA要进入细胞核的小空间，需要借助蛋白质盘曲折叠形成染色体），突破重难点
小结	梳理知识：引导学生形成知识脉络	绘制思维导图	通过图示的方式梳理知识点，加强基础知识的落实
直击会考	查漏补缺：查看学生的作答情况，即时释疑	作答会考真题	在做题中演练、提升

四、教学反思

本节课教学以"妹妹是不是亲生的"为主线，创设了通过滴血认亲、外貌相像与否、健康双亲所生孩子患有遗传病、亲子鉴定等方式判断亲缘关系的小情境，激发了学生的学习热情，学生利用所学的遗传学知识去辨别科学与伪科学，并辅之以强有力的论据，达到了将知识深化、体系化并应用于实践的目的，达成了生物学学科核心素养中对本节课的生命观念和社会责任方面的要求。本节课在实际教学中时间较为紧凑，为保证留出知识梳理和精准练习的时间，可将提取草莓中DNA的小组实验改为教师的演示实验。

第三节　基于生活化教学和模型建构的
"肺的通气"教学设计①

一、教材分析及设计思路

"肺的通气"一节是人教版初中生物学教材七年级下册第四单元第三章"人体的呼吸"第二节的内容，包括两部分：肺与外界的气体交换（肺的通气），肺泡与血液的气体交换。本节课起到了承上启下的作用。就初一学生现有的知识水平来说，他们只知道呼吸过程中肺是主要的器官，以及呼吸过程中有气体的进出。他们尚未接触物理学科，难以理解气压与肺的容积变化的关系，对于此部分的学习往往处于机械记忆的状态。同时，人体的结构对学生来说是抽象而模糊的，要求学生把教材模型和呼吸运动时各结构的变化联系起来有一定的难度。因此，在教学过程中，教师要利用生活化的教学方法，创设日常生活中常见的吹气球比拼的情境，引出肺活量的概念，以此为主线探究肺活量的大小与什么结构有关，是如何实现的。将教学过程趣味化、生活化，才能充分调动学生的学习热情，在轻松愉悦的氛围中达成教学目标，学生也能摆脱死记硬背的现状，积极把生活现象和生物知识结合起来，真正做到学以致用。另外，为突破抽象的呼吸运动原理，教师可将模型建构分为三部分：胸廓气压差模型、肋间外肌与胸廓的关系、膈肌与胸廓的关系，进而总结出原理。在探究过程中，教师可将大问题分成多个小问题，引导学生自主分析，相互补充，最终得出结论。本节课整体形成"观察→推测→探索→实践→应用"的教学思路，以此来培养学生的学科思维和实验探究能力。

二、教学目标

依据课程标准并围绕培养学生核心素养的要求，本节课制定了如下教学目标：

（1）概述肺与外界的气体交换过程。

---

① 本教学设计的撰写人为深圳市宝安区宝安中学（集团）初中部教师池思思。

（2）通过探究呼吸运动的原理，培养学生的动手操作能力、分析推理能力和实事求是的科学探究精神。

（3）关注运动与健康，认同呼吸与健康的关系。

三、教学准备

（一）制作胸廓气压差模型

工具：500mL 针筒、普通红色气球、透明软管、橡皮绳。

制作：气球模拟肺，透明软管模拟气管。把气球和透明软管利用橡皮绳连接起来并固定在针筒内部，与外界连通。

（二）制作胸廓模型

工具：铁线、多个衣架、透明软管、两根白色塑料棍、粗绳（有弹性）。

制作：用一长一短的两根白色塑料棍分别模拟脊柱和胸骨。然后把衣架穿过白色塑料棍拧成一圈圈，模拟肋骨（用透明软管围住衣架是为了保护模型，使其不易变形），把粗绳缠绕在肋骨上，模拟肋间外肌。

（三）准备学生模型材料

裁剪过的气球钝端（模拟膈肌）、矿泉水瓶、小气球、塑料支管、瓶塞、胶布。

四、教学过程

（一）创设情境，游戏导入

教师邀请两个学生上台进行吹气球比拼，要求只能一口气吹大气球。请台下学生猜测：谁的气球会被吹得更大？学生观察猜测后，教师进一步提问：气球气体总量近似于肺活量，那么肺活量的大小与什么结构有关呢？

设计意图：创设生活情境，从学生的实际生活中引入生物学问题，把生物学知识和问题还原到生活原型、活动情境和矛盾冲突中，启发学生主动思考。在感知生活实例的基础上，学生进入生活情境，对与生物学知识相关的生活问题产生探究的兴趣，自主质疑思考，对问题的可能性进行猜想。

（二）初探胸廓容积与呼吸运动的关系

通过展示胸廓图片（图4-2），引导学生观察识记胸廓是由脊柱、胸骨和肋骨围成的。

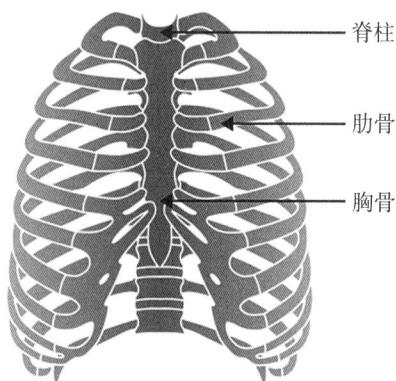

图4-2　胸廓

【活动一】教师提问：呼吸时，胸廓是否发生变化？指导学生将双手放于两侧肋骨处，做深呼吸。学生亲身感受呼吸时胸廓的变化，说出吸气时肋骨向上、向外运动，胸廓容积增大。教师进一步设疑：在平静呼吸时，是吸气引起胸廓增大还是胸廓增大引起吸气呢？引导学生发表自己的看法和理由。此时，不直接解答此问题，指导学生认真观察模型。

教师展示胸廓气压差模型（图4-3）并设疑：①针筒是密闭还是开放的空间？②针筒模拟我们呼吸运动的哪个结构？③气球模拟哪个结构？引导学生类比总结出针筒是密闭空间，模拟胸廓，气球模拟肺。

针对此模型，教师提问：如果我们要让气体进去，模拟肺吸气，可以怎么做呢？学生各抒己见，提出往针筒里面吹气、推拉针筒等方法。教师根据学生提供的方法进行实验操作，以直观的现象说明当我们手拉针筒的时候，气球变大了，然后提问：你是否认真观察过针筒容积发生变化了吗？里面的气压会发生什么变化？此时气体方向是什么？进而引导学生观察实验，得出结论：当手拉针筒时，针筒容积变大，气压变小，气体进入导致气球变大。此时，师生共同总结：胸廓的增大引起吸气。

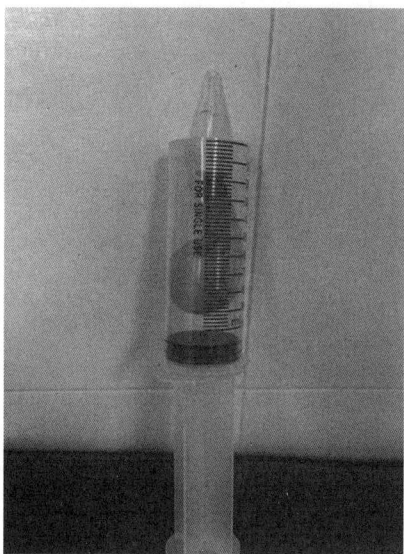

图 4 – 3 胸廓气压差模型

设计意图：调动学生主动参与，亲身体验胸廓变化，直观感受能够让学生更好地理解知识。同时设置悬疑，鼓励学生勇敢说出自己的猜测，这样有助于培养学生的发散思维。七年级学生没有物理知识基础，借助建构模型进行类比推理，能够让学生轻松认知并理解，突破气压这一难点，并且明白科学要通过实验探究去验证，不能仅凭个人猜测。

（三）再探肋间外肌和膈肌如何引起胸廓的变化

1. 探究肋间外肌与胸廓变化的关系

教师设疑：人体的哪些结构能够引起胸廓发生变化呢？从而引出肋间外肌和膈肌。此时，教师展示肋间外肌与胸廓模型（图 4 – 4），让学生根据日常经验回答问题：①自然状态下，这个模型可以自己动吗？②如果想让金属条位置发生变化，我们可以怎么做？同时请学生上台展示。师生共同总结：牵拉绳子，金属条位置向上、向外运动，里面的容积变大。

【活动二】教师提示：模型的运动形似胸廓的改变。请各学习小组根据该模型的运动规律，类比胸廓结构，结合教材图片，类推出肋间外肌与肋骨、胸廓容积变化的关系。

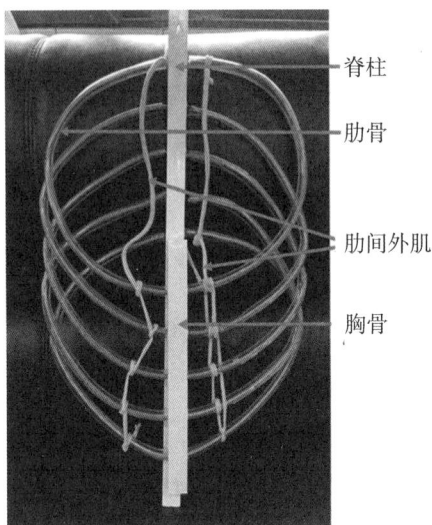

图4-4　肋间外肌与胸廓模型

　　设计意图：苏联心理学家维果茨基在文化历史发展论的基础上，创造性地提出了"最近发展区理论"，即"儿童独立解决问题的实际发展水平与在成人指导下或在有能力的同伴合作中解决问题的潜在发展水平之间的差距"。学生在原有的生活基础上，说出模型建构的原理。教师鼓励学生结合生物学知识进行合作探究，讨论胸廓变化的原理。在此过程中，教师起引导作用，应适时点拨和指导，让学生在活动中丰富自己的感性认识和生活体验。

　　2. 探究膈肌与胸廓变化的关系

　　教师进一步说明，肋间外肌引起胸廓前后、左右径的变化，上下径的变化是由膈肌引起的。

　　【活动三】在课本演示实验的基础上，改进实验装置。利用气球钝端模拟膈顶部初始舒张向上的状态，这样有助于学生理解。通过小组探究膈肌与胸廓模型（图4-5），思考：①矿泉水瓶、塑料管、橡皮膜、气球分别模拟哪些结构？②当膈肌变化时，胸廓容积如何变化？教师提示：①膈肌的变化形式有哪些？②当膈肌变化时，膈顶部的位置如何变化？③胸廓容积如何变化？肺的大小如何变化？教师引导学生以文字形式梳理膈肌引起胸廓变化的过程，认真观察膈肌引起胸廓容积变化后气体的进出情况。

　　学生通过合作探究，自主演示模型。师生共同总结：当膈肌收缩时，膈顶部下降，肺扩张，气压减小，气体进入；当膈肌舒张时，膈顶部上升，肺缩小，气压增大。

图 4 - 5　膈肌与胸廓模型

设计意图：从活动一、二教师示范建构模型，到活动三学生自主合作探究建构模型，充分体现了活动设置的梯度变化。教师应着重培养学生的动手操作能力，引导学生明白模型只是对实物的简化和模拟，并非等同于原物本身，可进一步完善模型的制作。教师可以在最近发展区理论的基础上，采取问题导学法，将大问题分解成一个个小问题，引导学生通过思考得出答案，在提高学生思维能力的同时也增强学生对学习的自信心。

（四）融会贯通，学以致用

教师补充说明呼吸运动时肋间外肌和膈肌的共同作用，并利用三个活动和相应模型带领学生共同总结：人体通过呼吸运动，使胸廓有节律地扩大和缩小，从而完成外界气体与肺内气体的交换。结合情境导入中的肺活量问题，教师提问：如何提高肺活量？学生通过本节课的学习，明白通过适当锻炼如跑步、游泳等，可以提高自己的肺活量。

设计意图：通过归纳小结进行知识升华，使各个层次的学生在原有水平上得到提高。生物学是一门与生活息息相关的科学，教师可以通过联系实际，锻炼学生分析、解决问题的能力，让学生学会关爱自己、关爱他人。这是符合核心素养要求的生命观念。

（五）拓展思维，关注前沿

教师展示呼吸机原理图（图4-6），让学生结合呼吸运动，尝试说出呼吸机的原理。

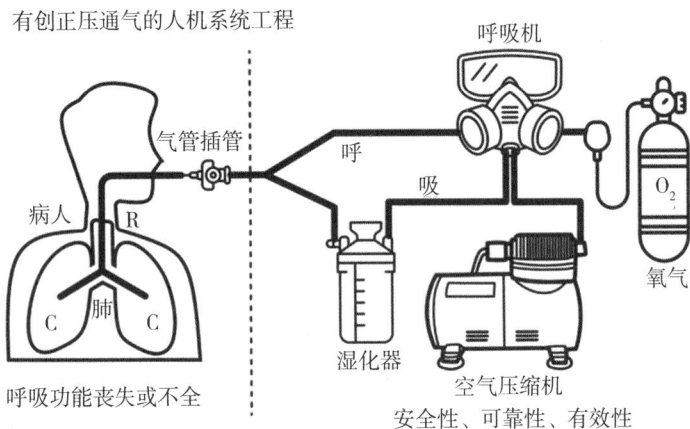

图4-6　呼吸机原理图

设计意图：通过分析呼吸机的原理，培养学生对知识的迁移能力，学以致用。当今科学技术日新月异，教师要引导学生了解生物学领域的迅猛发展，以及对国民经济发展的巨大促进作用，从而开阔眼界，提高学习兴趣，从小树立为振兴中华而奋斗的理想、为祖国腾飞而进行创新实践的牢固观念。在教学过程中，教师应渗透爱国主义教育和生命观念、社会责任感的培养。

五、教学反思

义务教育阶段的生物学课程属于自然科学领域，其核心素养是科学育人价值观的体现，旨在培养生命观念、理性思维、科学探究和社会责任。本节课整体形成"观察→推测→探索→实践→应用"的教学思路，帮助学生利用模型建构知识体系，让学生在没有学到相关物理知识的情况下，也能突破呼吸运动的原理这一难点。通过激发学生的求知欲望，让学生以小组的形式去主动探究和合作，培养理性思维。同时以问题为主线、学生为主体，利用层层设问的方法开展教学，帮助学生顺利到达"最近发展区"。本节课以日常生活中的吹气球游戏，引出肺活量并让学生思考如何提高肺活量，充分调动学生参与课堂的积极性，提高学生理论联系实际的能力，帮助学生拓宽视野，养成学以致用的良好习惯，从而达到最佳的教学效果。

第四节　基于生态主线情境的"细菌和真菌在自然界中的作用"教学设计①

党的二十大精神是推进一切工作的行动指南，是教育与塑造时代新人的思想武器。《义务教育生物学课程标准》（2022 年版）明确提出，要强化课程育人导向，将党的教育方针具体细化为本课程应着力培养的核心素养，体现正确的价值观、必备品格和关键能力的培养要求。因此，在初中生物学课堂教学中融入思政教育，推进党的二十大精神入脑、入心、入行，是落实立德树人任务的根本途径。一方面，教学过程中要深入挖掘学科教学中的思政元素，充分发挥课程育人功能；另一方面，要凸显学科本位，避免本末倒置，在生物学概念建构中巧妙融入社会主义核心价值观的基本内容和要求，为培养有理想、有本领、有担当的时代新人奠基。本节课在大概念统领下，以"垃圾减量分类"的生态情境为主线，整合串联内容，通过目标导向、问题驱动、任务探究等策略，引导学生建构起知识、能力、素养相统一的结构体系，实现基础力、思维力、实践力、创新力的发展。

一、教材分析

"细菌和真菌在自然界中的作用"一节隶属于课程标准中的"生物的多样性"主题，对应教材中的"生物圈中的其他生物"，从腐生、寄生、共生三个方面完整描述了细菌和真菌在生态系统中的作用，通过具体实例让学生正确认识细菌和真菌与人类、动植物、环境的关系。如果单纯通过知识讲解和实例展示，课堂会比较单调乏味，不能很好地激发学生的学习潜力，达不到预期的学习效果。因此，本节课以习近平生态文明思想为指导，将"垃圾分类"这一社会热点作为主线，在生物学教学中融入思政元素，通过"家庭之患""城市

① 本教学设计的撰写人为深圳市宝安区教育科学研究院教师陈少燕。

之殇""社会之责""个人之力"四个环节，由浅入深，引导学生关注家庭中的小问题和社会上的大问题，进而理解国家的生态文明建设战略，增强政治认同；树立科学的生态文明观，增强法治意识和责任担当，践行绿色生活方式，更好地达成课程育人目标。

二、学情分析

根据前面的学习及已有的生活经验，学生已经认识了细菌和真菌的结构特点和营养方式，对细菌和真菌在生态系统中的作用有了初步了解和感性认识，但对细菌和真菌如何分解有机物、参与物质循环等的认识不深。同时，已有的生活经验使得学生对细菌和真菌容易形成片面性的前概念，将细菌和真菌与疾病联系在一起，忽略细菌和真菌有利的一面，存在一定的认识误区。因此，在教学过程中，教师可以利用学生已有的知识和生活经验，以及对细菌和真菌的好奇心和学习兴趣，调动学生的积极性，结合"垃圾分类"这一社会时事热点，通过实例分析、科学探究、讨论交流等活动，引导学生将前概念转化为科学概念，形成系统的认知结构体系，树立正确的生命观念，积极参与垃圾分类和环境保护，养成正确的生活方式，提升解决社会生活问题的责任担当和能力。

三、教学目标

基于课程标准的内容要求、学业要求和学业质量标准，围绕培养学生核心素养的要求，本节课制定了如下教学目标：

（1）结合生活实例分析，理解细菌和真菌对动植物生活的影响，认识"垃圾减量分类"的重要性和必要性，认同健康的生活方式。

（2）通过科学探究与实例分析，说出细菌和真菌在物质循环中的作用，形成稳态与平衡的生命观念。

（3）通过了解分析国家及社会在垃圾分类方面的举措，关注细菌和真菌与动植物的关系，认同人与自然是统一的命运共同体，承担起参与环境保护的责任。

四、教学过程

(一) 家庭之患——健康问题 (细菌和真菌寄生引起患病)

情境导引：教师播放视频资料"厨余垃圾存放 15 天会发生什么"，请学生根据已有经验，推测生活垃圾长期堆放可能会产生什么影响。学生思考后推测，厨余垃圾富含淀粉、纤维素、蛋白质、脂类等有机物，如果处理不当，就会滋生蚊虫和微生物等，产生恶臭，严重污染环境，影响动植物健康。

概念建构：各小组以不同方式 (实物展示、讲体会感受、新闻播报、角色扮演等) 展示细菌和真菌引起动植物患病的实例，如沙门氏菌、链球菌、幽门螺杆菌等引起的急性肠胃炎、猩红热、扁桃体炎、丹毒、胃溃疡病症等。教师追问这类细菌和真菌在生活方式上的共同点是什么，它们与动植物的关系是什么，引导学生通过思考与比较，归纳出寄生的概念：有的细菌和真菌能生活在活的动植物体内，将动植物作为宿主，从宿主体内获取有机物等营养物质，导致宿主患病。

设计意图：通过视频导入激发学生的学习兴趣，结合大量实例引导学生通过分析与归纳，深入理解这类细菌和真菌的营寄生生活及其对动植物的健康产生的影响，养成及时清理厨余垃圾的良好生活习惯，营造干净卫生的家庭环境。

(二) 城市之殇——环境污染 (垃圾减量分类处理具有重要意义)

情境导引：教师展示资料，一个普通家庭每天会产生 2~3 千克的垃圾，大量垃圾直接投放到周边环境，会严重影响城市市容和居住环境。我国城市生活垃圾中的厨余垃圾所占比例高达 50%，对其进行单独收集处理是生活垃圾减量化的关键。厨余垃圾传统的处理方式主要有两种：焚烧和填埋。

概念建构：教师提出一系列问题：传统的垃圾处理方式会带来什么影响？为什么我国大力推进垃圾减量分类工作？并展示焚烧和填埋等垃圾传统处理方式带来的影响：焚烧会产生大量有害气体，污染大气；填埋容易造成地下水质恶化、土壤板结，污染自然环境。引导学生通过思考、分析、评价，认同并建构起生态文明观：人类活动会对生态环境产生影响，必须通过垃圾减量分类等措施防治环境污染，保护生态环境。

设计意图：通过分析垃圾的产生与传统的处理方式，让学生了解人类会不断产生大量生活垃圾，如果按传统方式进行处理，就会造成环境污染，认识到垃圾减量分类处理的重要性和必要性，进而培养学生理解、分析、整合生物学信息的能力，引导学生认同建构生态文明观。

(三) 社会之责——生态治理 (细菌和真菌与动植物共生)

情境导引：教师展示资料，深圳严格管理厨余垃圾产生、投放、收运、回收等一系列过程，加快建设厨余垃圾资源化中心，利用集垃圾分拣、油脂分离、废气净化、发酵转化于一体的厨余垃圾处理设备，将厨余垃圾转化为有机肥、生物柴油等资源。厨余垃圾资源化处理过程中产生的污水可利用藻类和细菌两类生物之间的生理功能协同作用来净化。在此基础上，教师提出一系列问题：藻类和细菌两类生物是什么关系？藻类为真菌生活提供了什么？真菌为藻类生活提供了什么？通过一连串问题启发学生深入思考藻类和细菌之间的关系。

概念建构：学生根据资料分析画出藻菌协同处理污水的概念图：污水中含有大量可降解的有机物，水中的好氧细菌分解、转化有机污染物，产生二氧化碳和氮、磷等无机物，供藻类植物生活。藻类植物则通过光合作用，利用水中的二氧化碳和氮、磷等无机物，合成有机物并释放出氧气，维持细菌的生长繁殖，如此循环往复，实现污水的生物净化。自然界中也有类似的藻菌协同实例，如拓荒先锋者——地衣、豆科植物与根瘤菌、牛羊等动物与肠道细菌等，引导学生参照藻菌协同处理污水的概念图分析生物之间的关系，通过思考分析，归纳出共生的概念：有的细菌和真菌能与动物或植物共同生活在一起，对彼此都有利，形成共生关系。

设计意图：通过分析藻菌协同处理污水系统的原理及其作用，迁移分析地衣、豆科植物与根瘤菌、牛羊等动物与肠道细菌等实例，归纳多个实例中细菌和真菌的共同特点，建构起细菌和真菌营共生生活方式的概念。

(四) 个人之力——减量处理 (细菌和真菌作为分解者参与物质循环)

情境导引：教师播放视频"家庭式直供堆肥法"，提出问题：家庭式直供堆肥法中，果皮、菜叶等厨余垃圾被埋入土壤中，会慢慢腐烂消失并转化成植物的肥料，这是为什么呢？是什么生物导致果皮、菜叶等腐烂？引导学生在问题的激发下主动学习，认识细菌和真菌的营养方式。

概念建构：为了让学生认识到细菌和真菌参与生物圈中的物质循环，教师先引导学生回顾生态系统、光合作用、呼吸作用等相关知识，让他们尝试画出并分析生态系统物质循环概念图：细菌和真菌分解植物遗体产生的二氧化碳、水、无机盐等，能被植物体利用合成有机物，为其他生物提供食物来源。动物体作为生态系统中的消费者，通过捕食关系直接或间接从植物体中获取有机物，利用呼吸作用分解有机物，产生的二氧化碳、水、无机盐等同样归还无机环境，而未被利用的有机物随着遗体、粪便最终被细菌和真菌分解成无机物，植物体通过呼吸作用也能产生无机物，这些无机物最终都能再次被植物体利用，形成生态系统的物质循环。教师引导学生通过思考、分析、讨论，共同归纳出腐生的概念：有的细菌和真菌分解已死或腐烂的动植物体和其他现有的有机物，获取营养维持自身生活。

设计意图：通过家庭式直供堆肥法的生活场景引入，通过实验探究、物质循环图建构等活动，逐步突破学生的理解难点，引导学生理解腐生细菌和真菌作为分解者参与物质循环，能应用于厨余垃圾减量处理等环境问题的处理，进而形成解决问题的科学思维和积极实践的环保意识。

（五）课堂小结——迁移拓展（建立环境保护的态度与责任）

情境导引：教师回扣主线情境，再现细菌和真菌寄生、共生、腐生三种生活方式，提出问题：这三种生活方式有什么异同点？

概念建构：学生通过生态系统物质循环概念图，梳理三种生活方式之间的逻辑关系，并归纳出共同点，建构异养的概念：大部分细菌和真菌不能制造有机物，需要利用现成的有机物来生活，这种生活方式属于异养。紧接着，教师抛出问题：作为社会的一分子，如何更好地避免家庭之患、城市之殇？如何发挥个人的能力，承担起环境保护的社会责任？引导学生根据本节课所学内容，利用细菌和真菌的生活特点，尝试通过制作酵素、波卡西堆肥法等参与垃圾减量分类，为环境保护贡献一份力量。

设计意图：通过自主梳理知识、合作建构概念图、小组讨论交流等活动，帮助学生达成认知的结构化，建构科学概念，形成积极参与垃圾减量分类处理的意识，并将其落实在个人行动中。

五、教学反思

学科课程教学与思想政治理论同向而行的协同育人方式，会潜移默化地对学生的思想意识、行为举止产生影响，培养学生正确的情感态度与价值观，有助于实现立德树人的根本教育任务。本课例坚持学科逻辑与生活逻辑相统一、主题学习与学生生活相结合等原则，以"垃圾减量分类"生态文明建设这一社会热点作为大背景，建构学习主题框架，在学习生物学重要概念时有机融入生态文明观、法治观念、责任意识等思政元素，引导学生初步建构起人类命运共同体的系统观、生态观，是一次学科课程教学融入思政教育元素的成功尝试。

第五节　基于思政情境的"生物的变异"教学设计①

随着《义务教育生物学课程标准》（2022 年版）和教育部等十部门印发的《全面推进"大思政课"建设的工作方案》相继发布，充分发挥学科育人价值、在学科中渗透思政教育日益成为落实立德树人任务的有效途径。初中学段在教育体系中承担着承上启下的重要作用，因此，在初中生物学课堂教学中渗透思政教育，借助情境培养学生正确的价值观是十分有必要的。

一、教材分析及设计思路

"生物的变异"是人教版初中生物学教材八年级下册第二章第五节的内容。本节课以中国工程院院士为原型创作的科普动画短片内容为主线并设计情境，将院士们利用遗传变异原理的研究贯穿整节课，在其中渗透思想政治教育。教师通过问题串和实验数据等引导学生总结出生物变异的原因和种类，采用多样的学习形式带领学生了解和分析"人工选择育种""杂交育种""诱变育种"的原理和过程。从情感态度与价值观角度引导学生学习院士们的科研精神，促进学生的"科学思维"和"态度责任"等核心素养的提升，在教学过程中润物细无声般地渗透思政教育，在细节中根植"系好人生的第一粒扣子"思想。

二、教学目标

基于《义务教育生物学课程标准》（2022 年版）的内容要求、学业要求

---

① 本教学设计的撰写人为深圳市宝安区宝安中学（集团）初中部教师宋洋。

和学业质量标准，围绕培养学生核心素养的要求，本节课制定了如下教学目标：

（1）通过对实验结果的分析，引导学生总结"可遗传的变异"和"不可遗传的变异"的概念，并说出引起两种变异的原因，初步形成生命观念。

（2）通过探究活动，使学生在取样、测量、整理数据、绘图等方面得到训练，体验探究生物变异的方法，提高处理和分析数据的能力，促进科学思维的培养。

（3）关注高科技给人类社会带来的影响，能举例说出遗传育种的几种方法及在生产中的应用。

（4）通过了解中国工程院院士们的研究成果，认同我国在育种方面的成就，厚植家国情怀，培养学生的态度责任意识。

三、教学过程

（一）创设情境，初步渗透思政

【情境1】教师向学生展示以中国工程院院士为原型创作的动画短片，学生通过了解袁隆平院士的杂交水稻、吴明珠院士的甜瓜、刘守仁院士培育的"中国美利奴羊"和"新疆军垦型细毛羊"两个新品种等案例了解遗传变异原理在生产生活中的应用，从而初步感知"变异不是偶然现象，它是普遍存在的"的概念。

设计意图：学生对于变异的概念已有一定的前认知，教师通过展示中国工程院院士们的多项成就，引导学生了解更多概念的外延，同时增强学生的国家荣誉感，激发学生的爱国情怀。

（二）问题驱动，培养科学精神

教师展示部分学生的课前家庭实验操作视频"探究花生果实大小的变异"，引导学生发现视频中不规范的实验操作步骤并提出改进建议，师生共同总结实验过程中的重点注意事项，如需要随机选样、样本数量要合理、测量方式要科学等。随后，教师结合学生绘制的不同大小的花生果实长度测量数据折线图，向学生提出问题串："不同品种的花生果实是否存在差异？这种差异可能由什么因素决定？相同品种的花生果实是否存在差异？这种差异又是由什么因素决定的？"引导学生通过分析数据，逐步建构"花生存在果实大小的变异，由遗传因素和环境因素共同决定"的概念。再引导学生结合已学知识和案例分析"这两种变异是否都能遗传给下一代"，建构"可遗传变异"和"不可遗传变异"的概念并能够结合实例进行区分。

设计意图：家庭实验可以培养学生的自主探索能力，课堂上的常见错误展示有助于促使学生形成规范实验操作的意识。学生结合已有认知和所观察的实验测量结果（如折线图数据），在教师的引领下将所回答的问题内容逐渐建构成概念，在此过程中，学生的数据分析、归纳总结、审辨判断等科学思维能力得到锻炼，学生的严谨意识、互助意识等均在无形中得到培养。

（三）实例分析，渗透文化自信

通过采用不同形式对"人工选择培育""杂交育种""诱变育种"进行案例分析，引导学生区分不同育种方式并了解其培育原理。

【情境2】人工选择培育：教师展示李玉院士团队培育的"玉木耳"，通过对比发现与黑木耳的不同之处，激发学生的研究兴趣。引导学生尝试分析白木耳的形成过程，并以小组合作方式在"学习任务单"上绘制"白木耳培育过程图示"。在学生介绍小组成果的过程中，教师及时纠错和补充，师生逐步总结出"人工选择培育"的概念和原理。

【情境3】杂交育种：如何利用"高产易倒伏小麦"和"低产抗倒伏小麦"培育出"高产抗倒伏小麦"？教师引导学生思考并结合课本中的培育过程图示，尝试解释其形成过程，教师适时进行追问或补充，促进学生对"杂交育种"概念的生成和原理的理解。

【情境4】诱变育种：教师展示多则关于航天育种成果的"科技快讯"，引导学生通过阅读资料了解"诱变育种"所需的特殊环境，并尝试分析形成原因，总结出"诱变育种"的概念及其利用的基因突变原理。

设计意图：通过绘制图示、解释图示、资料分析等方式，在提升学生的读图、表述、分析、总结等能力的基础上，重点培养学生的逻辑思维和关键能力。同时，学生通过案例能够了解我国生物育种方面的更多科研进展，渗透"文化自信"的思想，建立"科技强国"的理念。

（四）情感输出，激发责任担当

【情境5】教师利用视频短片展示中国工程院院士们伟大成就背后的故事，引导学生知晓在美好生活的背后有一群人在默默付出，我们的丰衣足食是科学家们利用科技力量在守护。同时，呼吁学生在人生的关键时期好好学习，未来将知识转化为技术，使我国国民生活向下一个新的台阶挺进。对比不同出版年份的课本第49页最后一段对袁隆平院士年龄的修改，从"80多岁"到"年届九旬"再到"享年91岁"，感受岁月变换而钻研精神不变，缅怀袁隆平院士，致敬科研工作者们。

设计意图：通过呈现我国生物技术的发展和成就，营造思政情境，增进学生的民族自豪感，渗透爱国主义思想，激发"少年强则国强"的责任担当，培养学生适应未来发展的正确价值观和必备品格，落实课标指导思想和态度责任等核心素养。

（五）总结巩固，拓展实践应用

师生借助思维导图共同总结和巩固所学内容，建构概念体系，形成知识网络。

【情境6】教师布置关于"探究父母的近视会不会遗传给后代"的探究作业，进一步引导学生应用所学知识解决真实情境中的问题。

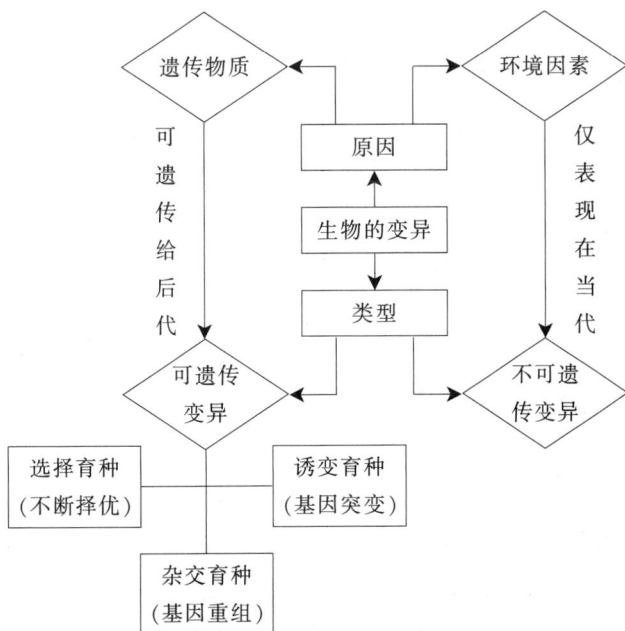

图4-7 生物变异的原因和类型

设计意图：通过布置联系生活的拓展作业，使学生认同生物学知识来源于生活也服务于生活，引导学生树立守护家人健康的责任意识。

四、教学反思

本课例获评"2022 部级基础教育精品课"。课程设计理念融合"思政教育"，内容上以中国工程院院士们的研究成果作为情境主线，帮助学生建构概念。学科课程与思想政治理论同向同行的协同育人模式，有助于潜移默化地对学生的思想意识、行为举止产生影响，最终实现"立德树人"的教育根本任务。但是在此类课程的设计方面需要注意的是，"大思政课"视域下的学科知识教学需要润物细无声般地渗透思政理念，切勿强行增加，造成本末倒置的后果。

第六节　基于问题情境的"绿色植物参与生物圈的水循环"教学设计①

《义务教育生物学课程标准》（2022 年版）明确提出，为了加深学生对生物学概念的理解，教师要高度关注学生在学习过程中的实践经历，既要通过设置恰当的情境来设计学习任务，又要通过实验、探究类学习等活动来促进学生能力的提升。本节课在新课标的课程理念指导下，以核心问题为主线情境，通过系列问题驱动实验教学，逐步建构重要概念，促进对概念的深化理解与生命观念的形成，以及实践、科学思维能力的提升。

一、教材分析及设计思路

"绿色植物参与生物圈的水循环"属于《义务教育生物学课程标准》（2022 年版）中的大概念"植物有自己的生命周期，可以制造有机物，直接或间接地为其他生物提供食物，参与生物圈中的水循环，并维持碳氧平衡"的内容，涉及的重要概念是"植物通过对水的吸收和散失参与生物圈中的水循环"。

---

① 本教学设计的撰写人为深圳市宝安区孝德学校教师尹导群。

人教版初中生物学教材七年级上册的内容涉及"植物对水分的吸收和运输""植物的蒸腾作用""绿色植物参与了生物圈的水循环"。第一课时学习水分在植物体内的吸收、运输与散失过程，初步建构蒸腾作用概念；第二课时深化对蒸腾作用概念和意义的认识，了解植物在水循环中的作用。

本文为第一课时，以"植物叶片中水分的来龙去脉"为核心问题主线，通过系列驱动问题，设计演示实验、分组实验、观察实验、模型建构等实验，搭建构成重要概念的知识框架，形成对次位概念"植物根尖成熟区吸收的水分，通过茎和叶脉中的导管运输至叶片，主要通过叶片中的气孔散失到大气中"的深度认识，建构对"蒸腾作用"这一概念的认知。

二、教学目标

基于课程标准的内容要求、学业要求和学业质量标准，围绕学生学科核心素养的培养要求，本节课制定了如下教学目标：

（1）通过问题主线驱动学生实验及小组合作学习，了解植物体内水分吸收、运输和散失的途径，说出蒸腾作用的概念，形成结构与功能相统一的生命观念。

（2）通过各类实验，提升学生发现问题、观察与分析等科学探究能力，以及推理、归纳、演绎、概括等科学思维能力。

三、教学过程

（一）教学前的准备

教学前两天，将适量带根的芹菜放进滴加了红墨水的水中，其中一盆用透明的保鲜袋罩住茎和叶，并扎紧封口且不损伤植物（A组）。其余数盆未用保鲜袋罩住（B组），均在阳光下照射超过24小时。教学前一天，提前采摘非洲茉莉叶片，并将注射器的针头从叶柄处插入叶脉中，与叶脉中的导管相连。提前利用长条形的气球、听诊器的Y型接管、老式水银血压计的充气阀与连接管，制作气孔模型。上课前采摘新鲜的水鬼蕉叶片，制作好绿萝叶片横切临时切片备用。

（二）核心问题情境导入

教师演示戴口罩的同时戴眼镜，学生发现镜片模糊了，原因是我们呼出了水蒸气。播放利用自然界植物叶片演示蒸腾作用的视频，随后展示课前制备的 A 组芹菜盆栽（覆盖有透明保鲜袋并扎紧封口），学生发现透明塑料袋内均有大量的水珠，说明植物也可以通过叶片呼出水蒸气。教师提出核心问题：植物叶片中的水从哪里来，又是怎么出去的？

设计意图：由学生熟悉的生活情境逐步引入实验情境，提出核心问题"植物叶片中水分的来龙去脉"，激发学生的学习兴趣，为后续系列驱动问题的提出与实验活动的开展奠定基础。

（三）任务1：水分在植物体内的运输途径

围绕核心问题情境"植物叶片中的水从哪里来"，学生观察 B 组芹菜盆栽（未用保鲜袋罩住），发现部分芹菜叶脉被染成红色。教师提出驱动问题：水从烧杯到达叶片，先后经过了哪些器官？学生回答：植物根尖的成熟区吸收水分，水分由根吸收后通过茎运输至叶片。教师提出驱动问题：茎的什么结构参与水分的运输？引导学生用放大镜观察被红墨水染色的茎横切与纵切结构，分析归纳茎中被染色的部位是导管，推导出水分通过导管运输。

设计意图：通过实验直观感受"水分通过茎的导管运输"，建构这一次位概念，初步形成结构与功能相适应的观点，并为后续学习做好铺垫。

（四）任务2：水分在植物体内的散失途径

围绕核心问题情境"植物叶片中的水怎么出去"，教师提出系列驱动问题：①水分到达叶片后，沿着叶片的什么结构运输到各个部位？②叶片的哪个结构才是水分散失的部位？③叶片表皮中的表皮细胞与气孔，哪个才是水分散失的关键？④气孔怎样控制水分的散失？

学生通过问题驱动开展系列实验：①教师利用数码显微镜投屏展示提前制作好的绿萝叶片横切结构，学生对照教材中的叶片结构模式图，辨认叶片的基本结构，并结合水分由茎中导管运输，推导出叶片中的水分由叶脉中的导管运输至各部位。②将非洲茉莉叶片放入装有水的大烧杯中，用注射器向叶脉中注入空气，观察叶片表面的现象，实验步骤如图 4－8 所示。根据实验原理"水分以水蒸气（气体）形式散失，往叶片中注入空气，空气散失的部位也是水蒸气散失的部位"，推导出水分由叶片的叶表皮处散失。③学生撕取水鬼蕉表皮制作表皮细胞临时装片，在数码显微镜下观察表皮结构（图 4－9）。利用交互软件，投屏共享各组实验结果。学生通过观察、对比、分析、归纳，推导出水分通过叶片的气孔散失，由此初步建构蒸腾作用的概念。④教师利用提前制作的气孔模型（图4-10），演示气孔的张开与闭合。学生观察并归纳气孔开闭的原理。

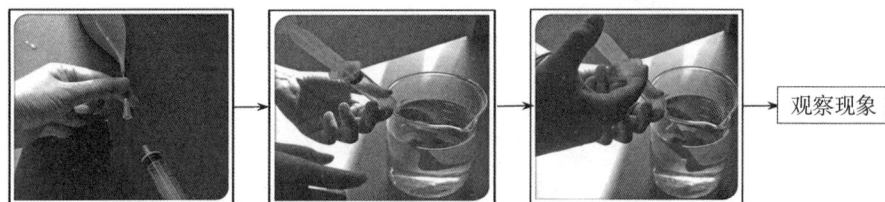

图4-8 实验操作步骤示意图

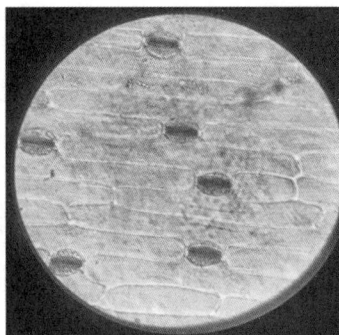

图4-9 水鬼蕉叶表皮临时装片
显微观察结构

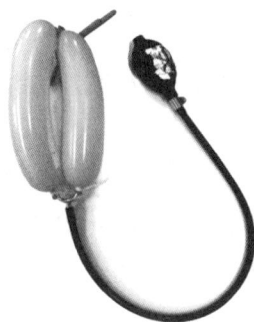

图4-10 自制气孔模型图

设计意图：问题驱动实验教学，在实验中开展小组合作学习，培养学生的分析、推理、归纳、演绎等科学思维能力及求真的科学探究能力。问题主线承上启下，层层递进，逐步深化对次位概念"水分通过叶脉中的导管运输至叶片，主要通过叶片中的气孔散失到大气中"的理解，形成对重要概念"蒸腾作用"的初步认知，强化"结构与功能相适应"的生命观念。同时，自制教具模型并进行演示，化微观为宏观，化抽象为具体，有助于学生加深对微观、抽象事物的理解。

（五）总结归纳，促进认知体系建构

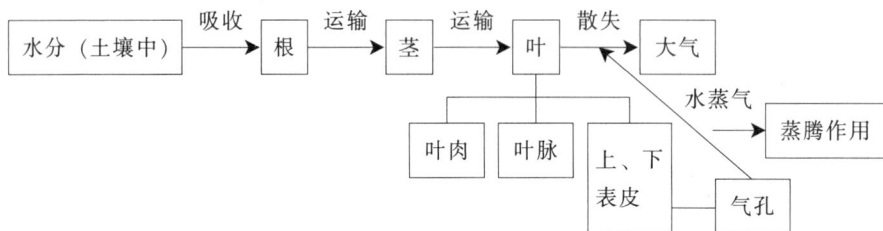

图4-11　"植物叶片中水分的来龙去脉"概念图板书设计

围绕问题主线"植物叶片中水分的来龙去脉"，要求学生以第一人称的方式，描述土壤中的一滴水在植物体内的历险过程，并以关键词建构概念图（图4-11）。

设计意图：构建本节课的概念图，进一步凸显问题主线的首尾呼应。同时将知识结构化、系统化，由点成线、成面，最终形成体系。这是促使学生将知识向认知转化的重要方法，有助于培养学生在真实情境中解决问题的能力。

（六）再设情境，承上启下埋伏笔

教师展示玉米从出苗到结果的一生需水量（表4-2），提出驱动问题：玉米在生长过程中吸收的水分，大部分用于什么，有何意义？

表4-2　玉米一生所需水量

类别	水量	占比
组成成分的水量	1.872kg	0.92%
维持生理过程的水量	0.250kg	0.12%
蒸腾作用散失水量	202.106kg	98.96%
生长期中总吸水量	204.228kg	100%

设计意图：提供资料，创设新的问题情境，激发学生的兴趣，为下节课深化对概念"蒸腾作用"的理解埋下伏笔，承上启下。

四、教学反思

（一）学习方式转变

本节课以核心问题"叶片中的水分从哪里来，怎么出去"提纲挈领，以系列驱动问题层层推进教学。本节课以问题开始，以问题结束。学生在系列问题情境的推动下，主动思考问题，并在解决问题的过程中内化知识，提升科学思维能力，建立科学的生命观念。

（二）实验内化认知

本节课的一大亮点，是通过问题驱动实验教学，通过问题引领，由浅入深地安排了观察、演示实验、小组合作实验、自制教具模型等。不同类型的实验均围绕问题的解决开展，且不局限于教材实验的安排，自主设计了更适合解决问题的学生实验。比如在非洲茉莉叶片中注入空气，通过排出的空气推断水蒸气散失的部位，将无形无色的水蒸气散失途径变得生动易理解，符合学生的认知学情。再如采用校园中种植的水鬼蕉叶片，取代常用的菠菜叶片来制作表皮细胞临时装片，不但材料易得，具有地域特色，而且水鬼蕉叶片肥厚，表面光滑，其表皮细胞易撕取，更易制作表皮细胞临时装片。学生通过系列实验，进行观察、类比、分析、归纳、推理，最终得出实验结论，提升探究实践与科学思维能力。

（三）技术运用创新

直观教学和信息技术辅助教学是本节课的另一大亮点。本节课运用数码显微镜的投屏与交互软件功能，将教师自制的叶片横切结构装片与学生小组合作制作的水鬼蕉叶表皮细胞临时装片的显微观察结果进行交互投屏，充分展示了课堂实验教学中的不同生成面，使实验教学更好地落地。同时，学生和教师共享所有实验成果，一方面有利于实践能力较弱的学生通过观察其他小组的实验成果，弥补不成功实验所造成的知识点理解不充分和概念建构认知断层；另一方面有利于学生通过观察不同小组的实验，进行类比、分析与归纳，使实验结果更准确，也更利于培养学生的探究实践与科学思维能力。

第七节　基于主线情境的"藻类、苔藓和蕨类植物"教学设计①

《普通初中生物学课程标准》明确提出，为了帮助学生形成正确的生物学重要概念进而建立生命观念，教师一方面需要提供各种丰富的有代表性的事实来为学生的概念形成提供支撑；另一方面，教学活动不应仅仅停留在让学生记住一些零散的生物学事实的层面上，而是要通过对事实的抽象和概括，帮助学生建立生物学概念，并以此来建构合理的知识框架，为学生能够在新情境下解决相关问题奠定基础。本节课运用整体化教学理念，采用以主线情境的发展串联多个知识点，通过任务驱动和活动探究等策略，帮助学生建构知识、技能和思维能力统一的结构化知识体系，生成概念深化的动力，达成对生物学重要概念的深刻理解与迁移运用。

一、教学目标

（一）生命观念
概述藻类、苔藓和蕨类植物的形态特征及其生活环境，理解环境与结构相适应的生命观念。

（二）科学思维
通过观察、类比和归纳等培养学生综合运用知识解决问题的能力。

（三）态度责任
关注生物圈中藻类、苔藓和蕨类植物的生存状况，增强保护环境意识。

二、教学重点和难点

（一）教学重点
（1）藻类、苔藓和蕨类植物的形态特征和生活环境。

---

① 本教学设计的撰写人为深圳市宝安区新安中学（集团）初中部教师陈青兰。

（2）藻类、苔藓和蕨类植物对生物圈的作用及其与人类的关系。

（二）教学难点

藻类、苔藓和蕨类植物的主要特征。

三、教学设计思路

"藻类、苔藓和蕨类植物"一课属于"生物多样性"大单元中的两个次位概念"藻类是能够进行光合作用的结构简单的生物""从苔藓植物、蕨类植物到种子植物，逐渐出现根、茎、叶等器官的分化，植物繁殖过程逐渐摆脱了对水环境的依赖"，本节课以藻类、苔藓和蕨类植物的形态特征、结构特征、生活环境，以及与人类的关系为主要内容。在教学过程中，教师先让学生观看视频，了解植物进化的顺序及植物的多样性，然后通过板画复习前面学过的知识：绿色开花植物具有六大器官，其中根、茎、叶属于营养器官，浸泡在红墨水中的芹菜具有输导组织，教师抛出问题：植物都具有六大器官吗？所有的植物都有输导组织吗？进而自然过渡到对藻类、苔藓和蕨类植物相关知识的学习。在学习过程中，教师利用结构与环境相适应的生物学观点，让学生通过宏观观察海带、苔藓和肾蕨实物，再借助显微镜微观观察三类植物的形态结构，归纳三类植物的形态结构；根据芹菜吸红墨水实验验证输导组织的存在，给学生思路提示，让学生自主设计实验，验证苔藓和蕨类植物是否具有输导组织；根据三类植物的形态结构推测它们的生活环境，接着抛出问题：为什么蕨类植物还要生活在潮湿的地方？为了解决这一矛盾，教师可以让学生观察蕨类植物的孢子囊实物，总结出孢子植物的生殖离不开水。在授课过程中，教师可以通过生活中的养鱼、建发电厂、环境保护等问题，使学生将课堂知识与生活实际联系起来，提高学以致用的能力。最后总结归纳成表格，比较三类植物的异同点，从生存环境、结构特点等进化角度去理解本节课。

四、教学过程

（一）导入

视频展示，初步认识植物进化的顺序，感知多姿多彩的植物世界。

教师提问：生物圈中到处都有绿色植物。你认识视频中的哪些植物？它们的形态结构和生活环境有哪些不同呢？

学生积极观察并思考。

教师：根据植物的形态结构和生活环境的不同，我们可将它们分为四个主要类群：藻类、苔藓、蕨类和种子植物。这些绿色植物构成了绚丽多彩的植物界，也正是它们养育了地球上的其他生物。通过前面的学习，我们也已经知道了种子植物中的绿色开花植物具有根、茎、叶、花、果实、种子六大器官，是不是所有的植物都具有六大器官呢？所有的植物都靠种子繁殖后代吗？植物是如何成功"登陆"的呢？让我们一起去探"薛"吧！

（二）观察

宏观和微观相结合，观察藻类、苔藓和蕨类植物的形态结构。

教师提问：将绿色开花植物芹菜泡在红墨水中，一段时间后，我们会发现叶脉红了，叶片也红了。那么，水是通过什么途径运到叶片中的呢？

学生思考后回答：根吸收水分，根、茎、叶中的输导组织能运输水分到叶片中。

教师提问：所有的植物都具有输导组织吗？

教师展示课前准备的海带、紫菜等藻类植物实物和衣藻的永久装片并分发给学生，引导学生分组仔细观察海带的实物，然后借助显微镜，观察衣藻的装片，找到它的根、茎、叶结构。

学生观察、讨论后完成学案上的表格并回答。

教师补充：藻类植物有单细胞的，也有多细胞的，没有根、茎、叶的分化。这种结构是与生活环境相适应的。藻类植物整个身体都浸没在水中，全身都能从环境中吸收水分和无机盐，都能进行光合作用。

教师展示课前准备的葫芦藓等苔藓植物的实物和苔藓临时玻片并分发给学生，引导学生用镊子剥离出一株苔藓，先用放大镜观察，然后借助显微镜观察苔藓的临时装片，找出它的根、茎、叶，观察叶片由几层细胞构成，叶片中有没有叶脉。

学生观察、讨论后完成学案上的表格并回答。

教师补充：苔藓植物有了根、茎、叶的分化。

教师展示课前准备的肾蕨等蕨类植物实物并分发给学生，引导学生仔细观察肾蕨，找到它的根、茎、叶。

学生观察、讨论后完成学案上的表格并回答。

教师补充：蕨类植物有了根、茎、叶的分化。

（三）探究

苔藓和肾蕨有输导组织吗？如何证明？（可参照芹菜茎吸水实验）

学生设计实验后借助显微镜观察苔藓和蕨类植物的永久装片，通过观察、对比得出结论：苔藓植物植株一般都很矮小，苔藓植物叶片只由一层细胞构成，茎中没有导管，叶中没有叶脉，不具备输导组织；苔藓植物的根非常简单，不具备吸收功能，为假根；而蕨类植物有输导组织。最后完成学案上的表格。

教师提问：蕨类植物一般比苔藓植物高大的原因是什么？

学生思考后回答：蕨类植物之所以植株比苔藓植物高大，主要是因为有根、茎和叶的分化，并形成专门的输导组织。

（四）推测

根据形态结构，推测这三种植物的生活环境，完成学案上对应的表格。

学生通过生活实际经验以及观察推测出藻类、苔藓和蕨类植物的生活环境：藻类植物大多生活在水中，有的生活在阴暗潮湿的环境中；苔藓植物生活在阴暗潮湿的环境中；蕨类植物大多生活在潮湿的陆地上，少数生活在水中。

（五）思考

教师提问：肾蕨有根和输导组织，为什么还要生活在潮湿的地方？

教师展示蕨类植物的孢子囊并分发给学生观察。

学生观察思考后回答：藻类、苔藓和蕨类植物都能进行孢子生殖，一个孢子就是一个细胞（生殖细胞）。成熟孢子从叶表面散发出来，落在温暖潮湿的地方，萌发生长成新的植物体。

教师补充：孢子的生殖离不开水的环境。藻类、苔藓和蕨类植物都靠孢子繁殖后代，都叫孢子植物。

（六）观看

教师通过图片呈现各种各样的藻类、苔藓和蕨类植物，让学生再次感知多姿多彩的孢子植物。

（七）讨论

学生分组讨论藻类、苔藓和蕨类植物与人类的关系。

教师从藻类的光合作用引出藻类植物在生物圈中的作用以及与人类的关系，引导学生思考：藻类植物是不是越多越好呢？以此补充赤潮和水华两种生态现象，呼吁学生保护环境（有基础的可拓展）。

教师提问：如果养鱼缸长时间不换水，水就会变成绿色，仔细观察，我们会发现缸的内壁上长出了绿膜，你知道这些绿膜是哪类植物吗？

学生思考并回答，获得运用知识解决实际问题的能力。

学生讨论苔藓植物在自然界中与人类的关系。

教师提问：苔藓植物分布广泛，但是在一些发电厂、化工厂的附近，我们很难觅到苔藓植物的踪影，你能解释一下为什么吗？

学生回答：苔藓植物的叶片只有一层细胞，二氧化硫等有毒气体可以从背、腹两面侵入叶片细胞，使苔藓植物的生存受到威胁。人们利用苔藓植物的这个特点，把它当作监测空气污染程度的指示植物。

教师强化结构与功能相适应的生物学观点，同时呼吁学生保护环境，树立人与自然和谐相处的生态观。

学生讨论蕨类植物在生物圈中的作用以及与人类的关系。

教师进行知识拓展，播放有关桫椤的视频，强调桫椤是现存唯一的高大蕨类植物，是我国的国家一级保护植物。再播放古代蕨类植物如何演变为煤的视频，引导学生进行思考。

（八）课堂总结

师生总结，并完善导学案，从进化角度去对比这三种植物类群，引导学生总结这三类植物进化的大致历程——水生→陆生；简单→复杂；低等→高等，梳理出更清晰的结构上的特点（表4-3）。

表4-3　三种植物类群的结构特点

类群	代表	根	茎	叶	输导组织	繁殖方式
藻类	海带					
苔藓	苔藓					
蕨类	肾蕨					

五、板书设计

图 4 – 12　板书设计 1

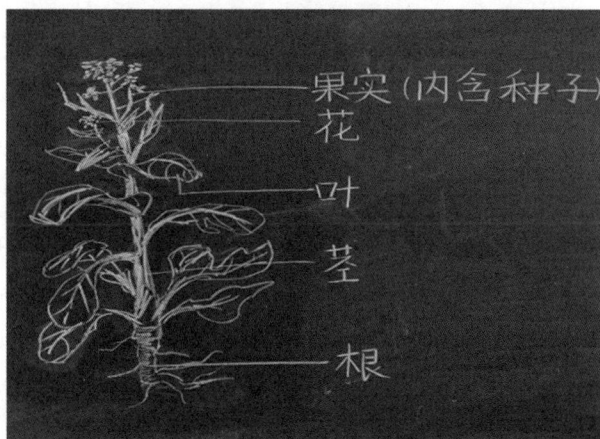

图 4 – 13　板书设计 2

六、教学反思

本节课的亮点是：

（1）结合教材，融合教材，将教材逻辑转化成学生逻辑，逻辑性强。

（2）通过对前面学习的绿色开花植物的六大器官和输导组织等知识点进行迁移，让学生进行宏观与微观的观察，了解藻类、苔藓和蕨类植物的形态特征，先形成表象认识，接着归纳这三类植物在结构上的异同，从而形成孢子植物的概念；再根据这三类植物的形态结构不同，推测其生活环境，认识生物的结构与环境相适应的本质。

（3）引导学生多角度分析这三类植物与人类的关系，培养学生的多角度发散思维。

不足之处是：

（1）过渡衔接不自然。

（2）没有抛出问题——海带为什么比苔藓还高大，没有借助工具去研究事物的本质。

总之，在运用探究实验与模型建构形成重要概念时，教师应引导学生在已有知识经验的基础上，通过模型的建构、修正、使用和完善，去体会、领悟、总结和概括，经历一个主动建构的过程。教师应更多地关注学生的学习和思考，培养学生运用模型建构解决问题的能力，以提高其生物学核心素养。

第八节　基于问题情境的"细菌"教学设计[①]

《义务教育生物学课程标准》（2022 年版）倡导素养导向教学，学生只有在真实的问题情境中解决复杂问题，才能发展其核心素养。开展基于问题情境的教学设计能够激发学生的学习动机，促进学生的深层次学习，培养学生的综合能力、实际应用能力及批判思维能力。这种教学设计方法能够使学生更主动、深入地参与学习，提高学习效果和学习质量。本节课创设真实的问题情境，通过问题引导帮助学生建构概念，发展科学思维，提升解决实际问题的能力。

一、教材与学情分析

（一）教材分析

本节课教学内容节选自人教版初中生物学教材八年级上册第五单元第四章第二节，旨在让学生形成保护生物多样性的意识和行为习惯，增强社会责任

---

① 本教学设计的撰写人为深圳市龙华区民治中学教育集团初中部教师吴朝朋。

感，这是义务教育的重要目标之一。因此，初中生物学教材在植物类群、动物类群之后，加入细菌和真菌等内容，有助于学生对生物多样性形成更全面的认识，形成保护生物多样性的意识。本节课是有关细菌主要特征的内容，教师应注意引导学生学习如何区分细菌的主要特征，让学生通过观察和思考，先对细菌的形态结构特征有一定的直观感受，再进行系统阐述，这样有利于学生建构概念。

（二）学情分析

本节课教学安排在第四章第一节"细菌和真菌的分布"之后，学生对细菌的分布已经有了初步的认识。通过对植物细胞和动物细胞的学习，学生已经初步建构了"细胞是生物体结构和功能的基本单位"这一重要的生物学概念，为细菌和真菌的形态结构的学习打下了坚实的基础。细菌分布广泛，与学生的日常生活紧密相关，对于这些生活现象，学生有强烈的好奇心和求知欲，这为本节课的实践活动奠定了心理基础。八年级的学生已经具备了一定的抽象思维能力和综合分析能力，掌握了科学探究的一般方法，这为本节课的学习奠定了坚实的方法基础和能力基础。初中学生的思维方式正在由形象思维向抽象思维过渡，根据这一思维特点，教学过程中教师可以日常生活中酸奶的制作和腐败为切入口，通过学生自主探究、合作交流，在师生互动中让学生思考问题，总结归纳概念，掌握科学的学习方法，发展自主学习能力。

二、教学目标及重难点

（一）教学目标

（1）描述细菌的形态和结构特点，形成生物的结构与功能相适应的生命观念。

（2）通过观察比较细菌与植物细胞的主要区别，推测细菌的营养方式，提升学生在分析与推理方面的科学思维能力。

（3）通过了解细菌的发现、巴斯德鹅颈瓶实验等科学史，认同发现细菌的过程中理性怀疑和技术进步起到的重要作用。

（二）教学重点

描述细菌的形态和结构特征。

（三）教学难点

比较细菌与植物细胞的主要区别，推测细菌的营养方式。

三、教学方法

分组讨论法、情境教学法。

四、教学准备

（1）学生带一瓶自己最喜欢的酸奶来上课。

（2）教师准备多媒体资源、制作 PPT。

五、教学过程

（一）情境导入——我对细菌的初印象

1. 展示学生自制的酸奶放在教室一周后的样子

学生思考：酸奶的制作和腐败与什么生物有关？

教师归纳：这瓶酸奶，成也细菌，败也细菌。

设计意图：通过学生亲身经历的生活情境，激发学生的好奇心和求知欲。

2. 我对细菌的初印象

教师提问：你对细菌有哪些认识？

学生对细菌进行描述。

设计意图：调查学生关于细菌的前概念。

（二）细菌的发现

1. 观看列文虎克发现细菌的视频

教师播放列文虎克发现细菌的视频，提问：这个视频说明科学与技术有什么关系？

学生总结归纳：技术进步对科学发展有巨大的推动作用。

设计意图：通过科学史的教育，促使学生形成正确的科学态度。

2. 巴斯德鹅颈瓶实验

教师播放介绍巴斯德故事的视频，提问：这个视频中的实验应用了哪些科学研究方法，能得出什么结论？

学生分析鹅颈瓶实验过程，得出结论。

教师引导学生分析归纳"理性怀疑"在发现细菌的过程中起到的重要作用。

设计意图：通过科学史的教育，培养学生的科学思维。

3. 观察酸奶

学生进行小组探究：阅读自带酸奶瓶上的说明，分析是否使用了巴氏消毒法。对比小组内酸奶的营养价值。

学生进行分组讨论：自己带来的酸奶是如何保存的，应用了什么原理？对比不同酸奶的原料配方，讨论原料中用的鲜奶和奶粉有什么区别。为什么有的同学带来的酸奶瓶上注明是饮品，这与风味发酵乳在营养上有什么区别？如何应用今天所学知识甄选出适合家人的酸奶品牌？

教师引导学生分析酸奶配方，学会甄别酸奶营养价值的方法。

设计意图：引导学生学以致用，用所学知识解决生活中的实际问题，培养分析与判断能力。

（三）细菌的形态和结构

1. 细菌的大小

教师展示细菌在不同放大倍数下的显微照片和细菌大小的描述资料。

学生感受细菌的大小。

2. 细菌的形态

教师展示多种显微镜下看到的细菌照片。

学生根据细菌的外形对细菌进行分类。

3. 细菌的结构

教师展示细菌的结构示意图。

学生对照课本上的图片，了解细菌的结构。

教师展示动植物细胞结构图，提问：细菌与动物细胞和植物细胞相比，最大的不同是什么？

学生对动植物细胞与细菌细胞进行比较，归纳出原核生物和真核生物的概念。

学生根据细菌与植物细胞的比较，分析细菌的营养方式。

设计意图：通过观察比较细菌与植物细胞的主要区别，推测细菌的营养方式，提升学生在分析与推理方面的科学思维能力，突破本节课的难点。

（四）细菌的生殖

1. 细菌的生殖方式

教师引导学生根据之前学习过的草履虫的生殖方式，猜测细菌的生殖方式。

学生猜测细菌靠什么方式繁殖后代，描述细菌的分裂生殖过程。

2. 细菌的分裂速度

教师展示细菌分裂的视频。

学生进行计算：假设你的手上此刻有 100 个细菌，细菌的繁殖速度按每 30 分钟繁殖一代计算，在没有洗手的情况下，4 小时后你手上的细菌数目是多少个？

3. 细菌的芽孢

教师展示细菌芽孢的有关资料。

学生分析芽孢的作用。

设计意图：通过让学生联系前面所学知识，猜测细菌的繁殖方式，培养学生的证据意识和分析推理能力。

（五）课堂小结——我对细菌的再印象

教师引导学生归纳总结本节课所学的知识。

学生重构细菌的概念。

设计意图：通过引导学生重构概念，加深对本节课知识的理解。

六、作业布置

A 层：完成课本上的相关习题。

B 层：绘制细菌结构图。

C 层：制作细菌结构模型。

七、教学反思

本节课从学生已有的经验和生活中常见的现象出发，通过创设真实的问题情境，帮助学生认识细菌这一生物，补充学生对于生物多样性的认识。本节课的教学有以下四个特点：

（一）创设问题情境，建构概念

本节是有关细菌主要特征的内容，教师在教学前通过"我对细菌的初印象"的问题情境，引导学生对细菌进行描述，了解学生的前概念；通过"我对细菌的再印象"的课堂小结情境，让学生重构细菌的概念，首尾呼应，从而帮助学生建立正确的概念，培养其归纳总结的能力。

（二）创设科学史情境，进行科学思维方法的训练和科学精神的培养

本节课通过"细菌的发现"视频，让学生知道显微镜的出现加快了人类对微观世界认识的进程，了解技术对科学发展的推动作用；通过视频讲述巴斯德的故事，了解科学家对人类作出的巨大贡献；通过分析巴斯德进行的科学实验，认识到严密的实验才有说服力，才可能有科学的新发现；通过了解细菌发现相关的科学史，认同细菌发现过程中体现出的归纳与概括的思想和批判性思维，崇尚严谨和务实的求知态度，认同科学发展依赖于技术进步。

（三）创设小组观察讨论等问题情境，发展科学思维

本节课让学生通过观察和思考，先对细菌的形态结构特征有一定的直观感受，把抽象的内容变得直观具体；再观察比较细菌与动植物细胞结构的异同，学会比较和归纳。本节课充分联系生活实践，引入数据计算，引导学生综合运用多学科知识解决生活中的实际问题，让学生在掌握知识的同时发展科学思维。

（四）创设讨论活动，提升学生解决问题的能力

本节课最大的亮点在于让学生每人带一瓶最喜爱的酸奶在课堂上开展"观察酸奶"的活动，教师创设"如何甄选酸奶"的问题情境，将学生的学习与实际生活应用相结合，引导学生分析酸奶配方，学会甄别酸奶营养价值的方法；引导学生学以致用，用所学知识解决生活中的实际问题，对问题进行分析、评估和判断，提出合理的解决方案，培养批判性思维和创新能力。

第九节　基于问题导学的教学设计：
以"基因在亲子代间的传递"为例①

一、教学分析和设计思路

（一）教学分析

本节课内容是人教版初中生物学教材八年级下册第二章"生物的遗传和变异"中的第二节，主要讨论亲代的基因如何传给子代的问题，使学生了解基因的位置和基因在亲子代间传递的途径。本节课既是上一节课"基因控制生物的性状"的延续，又是下一节课"基因的显性和隐性"的基础。本节课是遗传的核心内容，起到承上启下的作用，问题导向适合本节课的教学。

（二）设计思路：问题导学指向激发学习动力

本节课的内容比较抽象，笔者通过问题导学，以问题链的形式激发学生的学习兴趣，助力学生化解学习难点。笔者设计这节课的初衷是使学习内容更加有趣、有用、有意义。美国教育家和心理学家本杰明·布卢姆（Benjamin Bloom）曾说过："学习的最大动力，是对学习材料的兴趣。"教材的内容仅是学习内容的一部分，学生通过了解学习知识"从何而来"，知识运用"到哪里去"，实现对知识的理解、记忆和迁移。经过反复研究，笔者确定以聚焦核心素养、符合学科教育要求为前提，通过问题导学、主题探究等形式来探索生命延续的奥秘，教学中依托社会热点、生活情境、科技前沿的相关信息，引导学生探讨生活中的生命科学知识，激发学生探索生命延续奥秘的兴趣，促使学生形成珍爱生命的观念。整节课以问题为导向串联起来，学生一直保持着极高的热情。教师适时抛出问题，启发学生思考，适当的时候再补充总结。

二、教学目标

基于课程标准的内容要求、学业要求和学业质量标准，围绕培养学生核心

---

① 本教学设计的撰写人为深圳市福田区外国语学校教师谢宝凤。

素养的要求，指向生命延续的目标导学，本节课制定了如下教学目标：

（1）描述基因、DNA 和染色体之间的关系。

（2）说出基因经生殖细胞在亲子代间的变化和传递。

（3）了解基因检测的应用，关注基因技术给人类生活带来的影响。

（4）激发学生对生命奥秘的思考，珍爱生命，尊重生命。

本节课基于问题导学化解教学目标中的学习重点和难点，学习重点是"描述基因、DNA 和染色体之间的关系"，学习难点是"亲代的基因怎样传递给子代"。为了帮助学生对课程学习目标的理解建立线性关系，笔者将学习重点化解为两个问题：基因是什么？基因在哪里？把学习难点化解为一个问题：基因是如何传递的？这样学生就能围绕关键词"基因"开始生命延续奥秘的探索之旅。

三、教学过程

（一）建构问题，激发学生的思维活动

不管是传统课堂的教学，还是云课堂的在线授课，学生的学习动力强否很大程度上取决于学习材料是否具有吸引力。"基因""染色体""DNA""遗传"这些关键词本身就带有无穷的神秘色彩，笔者特意将各部分的知识通过一个又一个问题串联起来，让学生在问题的引导下带着好奇心一步步揭开"基因在亲子代间的传递"的神秘面纱。

笔者从明星家庭照片导入，提出"为什么子女长得像父母"的疑问，让学生在思考中明白生命的延续，其控制性状的基因起到了关键作用，从而进一步引出基因、DNA、染色体三者关系的学习内容。

基因技术不仅给人类生活带来了影响，还促进了生命科学事业的蓬勃发展。笔者通过设置一系列问题，激发学生走进 DNA 的热情。比如：DNA 里藏着哪些真相？跨越近 2 000 年，曹操的身世之谜是如何被揭开的？一个成年人的 DNA 有多长？想象一下，我们生命密码涵盖的信息量有多么丰富？

为了进一步激发学生探索生命科学的持续动力，笔者提到了"染色体疾病"这个话题。当人体的染色体数目出现异常时，就会出现一些染色体疾病，如"先天愚型"（"21 - 三体综合征"）、"猫叫综合征"，引导学生思考：对于这种染色体出现异常的情况，你知道现在有什么预防措施吗？你觉得在未来可以利用什么样的技术或手段来预防或治疗？

（二）视频激趣，丰富学生的课堂体验

课堂教学如果全是文字内容，学生会感到枯燥，所以教师要不断地给刺激点，让他们集中注意力。其中，图片和视频是很好的刺激点，在呈现视频前，教师可进行问题导学。有的视频是学生自己编辑制作的，画面生动有趣，可以丰富学生的课堂体验。

（三）在线辩论，提升学生的生命认知

上节课笔者预留了一个问题作为本节课的前置作业：2018 年 11 月，世界首例免疫艾滋病的基因编辑婴儿诞生。基因编辑婴儿防治艾滋效果存疑，伦理风险大，对此你怎么看？班上有同学随即在年级中发起招募，自发组织了辩论队。虽然笔者隐隐担心网络连线的效果和课堂时间的分配问题，但几经思考，最终笔者选择保护学生的积极性，给学生提供学习的支架，搭建展示交流的平台。

问题导学有利于搭建学习支架，帮助学生理清思考的方向：你觉得基因编辑技术对人类的发展有何意义？你觉得基因编辑技术有什么可以预见的巨大危害？你觉得基因编辑技术需要具备哪些条件才可以实施？在此基础上，引导学生生成辩论观点：基因编辑技术对人类社会的发展是利大于弊还是弊大于利？

正反方从各自新颖的角度逻辑紧密地阐述了自己的观点，虽然辩论是在线上进行的，无法见到唇枪舌剑的现场画面，但同学们的参与热情异常高涨。笔者借此再一次提升话题：科学探索是为人类谋福祉，而非打开潘多拉魔盒，从生命伦理学的视角，我们该如何看待基因编辑技术的研究和应用呢？进而抛出以下四个问题，引导学生进行思考和互动：

（1）如果你将来成为一个基因工作的研究者，你将会对哪些问题感到好奇？

（2）如果你是一名生命伦理学的工作者，你将如何规范基因编辑技术的应用？

（3）如果你是一名法律制定者，你将如何规范基因编辑技术的应用？

（4）除此之外，你还有哪些感兴趣的问题，将通过哪些方法去研究解答它们？

虽然辩论结束了，但话题的讨论还远没有结束，有的同学对为什么基因编辑会牵涉到伦理学问题感兴趣，笔者再次抓住契机，提供一些思考的角度，期待他们的精彩分享。

四、教学反思

课堂教学是一门艺术和一种创造性劳动，课堂的精彩在于互动，这是师生之间产生情感共鸣的制高点。本节课呈现的效果因网络环境而稍显嘈杂，但让笔者感到欣喜的是，学生的组织力、思辨力、表达力和合作力得到了锻炼和提升，这些能力特别宝贵。

下面摘录部分学生的观点：

相信在未来科技发展成熟之际，这项技术能在法律条文和伦理道德的基础上为人类造福。

基因编辑能给人类带来好处，让人变得更高、更强、更美、更聪明甚至更长寿。

我们是否要冒着违背人类伦理道德和数百万年人类在发展中代代相传的基因自然选择的风险去重组基因？

如果贸然去触碰这个领域，人类将会受到反噬。

在技术条件允许的情况下，支持使用基因编辑法为新生儿植入抗艾滋病的对应靶标基因段，降低易感人群的患病风险和概率。

我们可以通过基因编辑技术来预防先天性的疾病与缺陷。

基因编辑技术无法保证100%的成功率。一点点小的差错都有可能放大成一场比任何一种传染病更加可怕的基因瘟疫。

我们无法知道基因编辑所带来的后果是什么。

基因编辑技术是一把双刃剑，我们要在看到它广阔前景的同时注意到它潜在的危险。

辩论的输赢不重要，重要的是学生开始尝试把所学知识运用到生活情境中，关注人类命运的发展。

教师的职责就在于用自己的知识为学生照亮前行的道路，通过指向问题导学的生命互动促进双向成长。

本节课的课堂效果显示，基于问题导学的知识和趣味双赢的教学设计能够提高学生的参与度，在师生互动、生生互动中产生思维的碰撞。本节课创设生命互动的云课堂，学生在问题导学的指引下开展合作学习，能更好地理解"探索生命延续的奥秘"的观点，云课堂的有效性得以提升。

第十节　基于生活情境的"激素调节"概念教学设计[①]

《义务教育生物学课程标准》（2022 年版）提出，学生通过初中生物学课程的学习，需要掌握生物学基础知识，初步形成与生物学相关的生命观念，能够应用生命观念探讨和阐释生命现象及规律。另外，教学活动需要教师结合学生的生活经验，创设学习情境，通过各种活动形式引导学生进行探究分析，帮助学生初步形成生物学概念，建构梳理生物学知识框架。本节课选用生活中常见的情境作为导入，以青少年需要养成健康合理的生活方式为主线，利用小组合作探究完成任务等教学策略，帮助学生形成"功能与结构相适应"的观念，了解不良的生活习惯会对身体造成伤害，进而养成良好的生活习惯，促进自身的健康成长。

一、教材分析与设计思路

本节课是人教版初中生物学教材七年级下册第四单元第六章第四节"激素调节"的内容，主要包括内分泌腺的种类及其分泌的激素、激素的功能、激素分泌异常时的症状、激素调节与神经调节的关系等知识点。在之前的学习中，学生对激素的概念已经有初步的了解，但是对于初中阶段的学生来说，激素的概念是比较抽象和难以理解的。因此，本节课选用生活中的情境作为导入，帮助学生理解，利用任务驱动的形式引导学生分析探究几种激素的功能，培养学生的科学思维和探究能力，帮助学生形成激素的生物学概念，进而了解激素分泌异常时的症状，总结神经调节和激素调节的关系，形成"功能与结构相适应"的观念。

二、教学目标

基于课程标准的内容，围绕培养学生核心素养的要求，本节课的教学目标如下：

[①]　本教学设计的撰写人为深圳市宝安区新安中学（集团）第二外国语学校教师李红媛。

（1）通过观察图片并进行分析对比，了解人体内分泌系统的结构特点以及其分泌的激素种类。

（2）通过小组合作、观看视频、分析材料，总结归纳激素的特点和功能，同时了解科学探究的一般过程并自行设计探究甲状腺激素功能的对照实验。

（3）通过分析材料，运用所学知识，熟练判断与激素调节相关的常见疾病及治疗方法，了解神经调节和激素调节的关系，认同青少年需要养成良好的生活习惯的观念。

三、教学过程

（一）创设情境，吸引学生的注意力

教师播放健康栏目视频，让学生了解生活中经常听到的"内分泌失调"是什么，然后展示青少年内分泌失调后出现长痘、失眠易怒的图片，讲解并提出本节课的核心问题：青春期到了，内分泌失调可能会导致我们出现上述图片中展示的情况，视频中讲到内分泌失调主要是由于激素平衡被打破，那么到底什么是激素？激素有什么样的魔力呢？

设计意图：利用生活中同学们经常听到的词语、经历过的场景，吸引同学们的关注，激发他们的学习兴趣，为后面激素调节的学习做好铺垫。

（二）环节一：区分内分泌腺和外分泌腺

教师展示学生之前学过的腺体的图片，比如肝脏、胰腺、汗腺、睾丸、卵巢等，帮助学生回忆之前所学的知识，同时提问：这些腺体在结构上有什么区别？学生通过观察图片，会发现有些腺体（如肝脏、胰腺、汗腺）分泌的物质通过导管排出，而有些腺体（如睾丸、卵巢）分泌的物质直接进入血管中。教师接着引导学生区分内分泌腺和外分泌腺的不同，帮助学生形成"结构与功能相适应"的观念。

教师展示人体内分泌腺的分布图，让学生通过阅读课本，了解每个腺体的名称及其分泌的激素，知道这些腺体及其分泌的激素共同构成了人体的内分泌系统。

设计意图：通过回忆巩固之前学过的知识，观察对比不同腺体的图片，给学生直观的感受，让他们清楚地区分内分泌腺和外分泌腺的不同，帮助他们形

成"结构与功能相适应"的观念。然后通过图片展示，让学生进一步认识到激素是由内分泌腺分泌的，为"激素"这一生物学概念的形成奠定基础。

（三）环节二：形成"激素"的概念

活动1：探究生长激素的功能。

教师展示某运动员幼年时和成年后的照片，并讲解其经历，提出问题：这位运动员注射了生长激素后身高有了很大变化，这体现了生长激素的什么功能？学生根据自己的理解回答问题：生长激素能促进人体的生长发育。

活动2：探究胰岛素的功能。

教师播放视频"胰岛素的发现史"，请学生通过小组合作的方式，根据视频和课本材料分析胰岛素的功能，并归纳总结科学探究的一般过程。

教师点拨：班廷发现胰腺分泌的某种物质可以缓解糖尿病症状。提出问题：从胰腺分泌的这种物质有什么样的功能？班廷推测这种物质可以促进糖的吸收、利用，为了验证假设，他做了什么？

学生根据课本中的资料和教师的点拨总结胰岛素的功能：调节体内血糖浓度，促进血糖的吸收、利用和转化。科学探究的一般过程：发现现象→提出问题→作出假设→验证假设。

活动3：探究甲状腺激素的功能。

教师布置任务：请学生以小组合作的形式，根据活动2总结的科学探究的一般规律，结合课本给出的资料，自行设计对照实验，探究甲状腺激素的功能。对于具体的实验步骤，教师可以给出一些提示，帮助学生完成实验的设计。

学生根据实验结果得出：甲状腺激素的功能是促进动物的生长发育。

活动4：实际应用，生成概念。

教师根据本节"想一想，议一议"中的材料，结合学生的经历进行改编，之后请学生阅读材料，根据运动员们在赛场上的表现进行归纳总结：激素是一类由＿＿＿＿＿＿（内分泌腺/外分泌腺）分泌的，能够＿＿＿＿＿＿（功能）的化学物质。特点是：＿＿＿＿＿＿少，作用＿＿＿＿＿＿。这一过程能够帮助学生生成"激素"的生物学概念。

设计意图：本环节内容较多且非常重要，主要是探究激素的功能，形成"激素"的生物学概念，锻炼学生运用知识解决问题的能力。

（四）环节三：了解激素分泌异常时的症状，总结激素调节和神经调节的关系

教师给出一些文献资料，学生进行小组合作，分析激素分泌异常时的症状，进一步探究激素的功能，并利用任务驱动的方式来帮助学生归纳总结激素调节和神经调节的关系。

教师点拨：肥胖、营养水平、入睡时间、运动方式等这些因素对生长激素都有影响，同学们要养成科学健康的生活方式，这样才能避免内分泌失调。呼应本节课的导入，同时升华主题：青少年要养成良好的生活习惯，促进自身的健康成长。

设计意图：学生借助文献材料，分析总结知识点，同时认同青少年需要养成良好的生活习惯。

四、教学反思

本节课以内分泌失调这一生活情境导入，并不断再现生活中学生经历过的情境，让他们认同"青少年需要养成良好的生活习惯"的观念。教学过程中，采用任务驱动、小组合作的方式帮助学生掌握探究本节课的重难点，锻炼他们的合作探究能力和总结归纳能力。但是有些问题也需要我们注意：在每个环节布置任务的时候，教师的问题导向性要特别明确，这样更有利于学生更好地完成任务。

第十一节 基于任务情境的"人的性别遗传"教学设计[①]

一、教材分析及设计思路

本节课"人的性别遗传"出自人教版初中生物学教材八年级下册第七单元第二章第四节。在前三节课，学生已经学习了"基因控制生物的性状""基因在亲子间的传递"和"基因的显性和隐性"，本节课将继续探索人的性别遗

---

① 本教学设计的撰写人为深圳市盐田区田东中学教师王威。

传，这是遗传知识的延伸和拓展。本节课的教学内容主要包括性染色体与性别决定、人的性别决定机制和生男生女机会均等三部分，由于内容比较抽象，学生理解起来会有一定的难度，这就需要教师设置相关的任务情境，让学生能通过自己的观察与思考、小组模拟实验、讨论分析等形式获取知识，加深理解。吴成军老师在《任务情境在考查生物学学科核心素养中的作用》一文中指出，所谓"任务情境"，是指情境中有任务（或者提出问题），即在呈现情境时一定要提出问题或要求学生完成相应的任务。

依据《义务教育生物学课程标准》（2022 年版）的要求，本节课需要落实的概念为：人的性别是由性染色体的组成决定的。围绕此概念，本节课形成了教学设计思路（见图 4 - 14），并设置了系列问题，驱动学生通过自主思考、合作探究等方式完成相应的学习任务，建构人的性别遗传的概念，并深入理解性别决定的原理，发展学生的生物学学科核心素养。

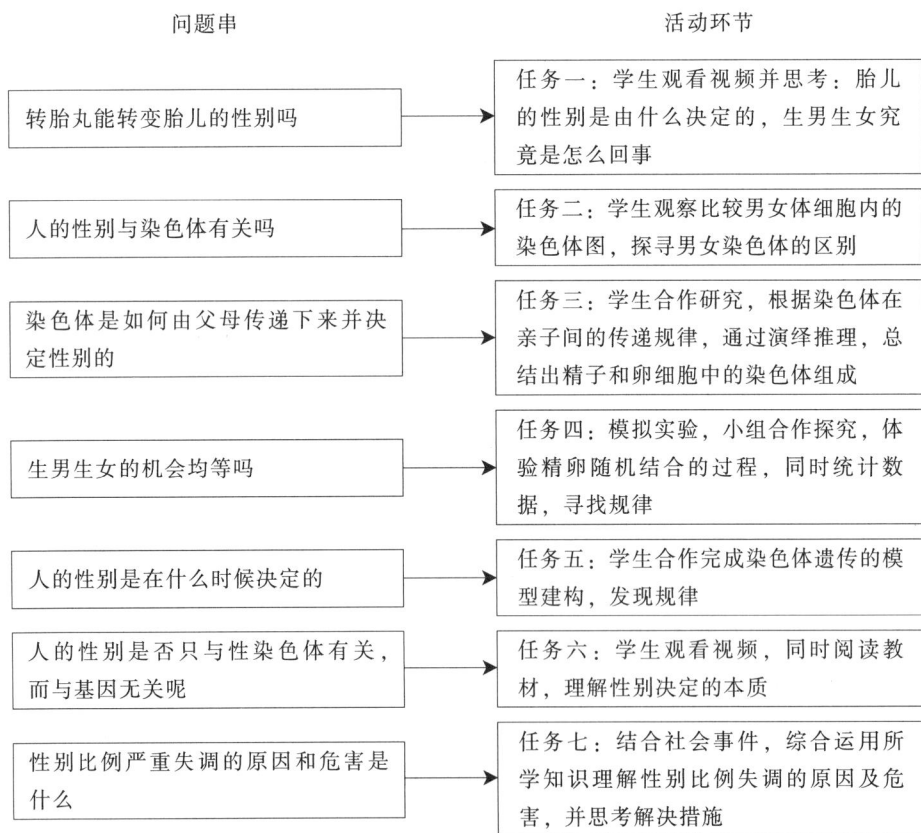

问题串

转胎丸能转变胎儿的性别吗

人的性别与染色体有关吗

染色体是如何由父母传递下来并决定性别的

生男生女的机会均等吗

人的性别是在什么时候决定的

人的性别是否只与性染色体有关，而与基因无关呢

性别比例严重失调的原因和危害是什么

活动环节

任务一：学生观看视频并思考：胎儿的性别是由什么决定的，生男生女究竟是怎么回事

任务二：学生观察比较男女体细胞内的染色体图，探寻男女染色体的区别

任务三：学生合作研究，根据染色体在亲子间的传递规律，通过演绎推理，总结出精子和卵细胞中的染色体组成

任务四：模拟实验，小组合作探究，体验精卵随机结合的过程，同时统计数据，寻找规律

任务五：学生合作完成染色体遗传的模型建构，发现规律

任务六：学生观看视频，同时阅读教材，理解性别决定的本质

任务七：结合社会事件，综合运用所学知识理解性别比例失调的原因及危害，并思考解决措施

图 4 - 14　"人的性别遗传"一节的教学设计思路

二、教学目标

基于课程标准的内容要求、学业要求和学业质量标准，围绕培养学生核心素养的宗旨，本节课制定了如下教学目标：

（1）通过观察比较男女体细胞染色体图，说明人的性别差异是由性染色体决定的，培养学生的观察、比较与分析能力，形成"结构与功能相适应"的生命观念（生命观念、科学思维）。

（2）利用已有的遗传知识，分析 X 染色体和 Y 染色体的遗传规律，探索人类性别决定机制，提升推理思维、知识迁移和问题解决能力（生命观念、科学思维）。

（3）通过合作探究和模拟实验，说明生男生女机会均等的原因，提高合作交流和分析解决问题的能力，训练科学思维能力（科学思维、探究实践）。

（4）通过联系生活实际，形成尊重生命、科学看待生男生女问题的情感态度，增强社会责任感（态度责任）。

三、教学过程

教师课前准备希沃多媒体课件和导学案，按 2 人一组，将学生分成 21 组，准备 21 个不透明的红色袋子和蓝色袋子，每个红色袋子里装 20 个白色围棋子，每个蓝色袋子里装 10 个白色围棋子和 10 个黑色围棋子。

（一）创设情境，激趣生疑

任务一：观看视频"女子为生男孩服下转胎丸"，学生思考转胎丸是否真的能转变胎儿的性别，同时思考女子服下转胎丸的原因，让学生意识到社会上还存在着重男轻女的封建落后思想，结合日常生活中常说的"生不出男孩就是女人的肚子不争气"，提出问题：生男生女，是不是只跟女性有关呢？生男生女究竟是怎么回事？

设计意图：创设女子为生男孩服下转胎丸的真实情境，引发学生的认知冲突，激发学生的求知欲望，调动学生主动参与课堂的兴趣，引出本节课的课题——人的性别遗传。

(二) 温故知新，推动探究

男女的性别是一组特殊的性状。性状是由基因决定的，而基因位于染色体上，那么人的性别与染色体有关系吗？通过联系生活和已有认知，引导学生明确人的性别与染色体有关系，同时引导学生进一步探究。

1. 问题引领，自主探究

任务二：课件展示"经整理后的男女体细胞内成对染色体排序图"，观察并思考以下问题：①对比观察 A、B 两组染色体，你能发现有什么相同和不同之处？②推测男女不同性别可能与哪一对染色体有关？（在导学案中圈出）③你能试着为这一对染色体"命名"吗？结合教材的内容，了解关于性染色体研究的两大重要发现，回答上述问题。学生通过自主思考，得出结论：男女体细胞中共有 23 对染色体，前 22 对染色体都是一样的，只有最后一对染色体存在差异，所以性别和最后一对染色体有关。这一对与性别有关的染色体叫性染色体。除了性染色体外，与性别无关、男女都一样的其他 22 对染色体，称为常染色体。

设计意图：通过设计问题串，引导学生通过自主阅读教材、读图分析，比较男女体细胞中染色体的异同，掌握性染色体和常染色体的概念。同时引导学生树立"结构与功能相适应"的生命观念。

2. 比较归纳，深化学习

在了解性染色体的基础上，引导学生再次观察"经整理后的男女体细胞内成对染色体排序图"，小组讨论交流：①哪幅显示的是男性的染色体？哪幅是女性的？②图中哪条是 Y 染色体？它与 X 染色体在形态上的主要区别是什么？③试着归纳男性、女性体细胞中染色体组成的表示方法。学生通过归纳，得出结论（图 4－15）：男性体细胞中的染色体组成为：22 对 ＋XY；女性体细胞中的染色体组成为：22 对 ＋XX。

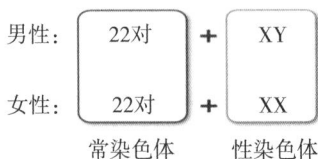

图 4－15   男性、女性体细胞中的染色体组成

设计意图：学生在问题情境的引领下，进一步合作探究，培养观察、分析与归纳的能力，提升科学思维能力。

（三）回顾旧知，内化理解

教师提出问题：体细胞和生殖细胞中的染色体组成有什么区别？在形成生殖细胞的过程中，染色体是如何变化的？引导学生回顾前面所学的基因在亲子间传递的相关知识，加深对形成生殖细胞时染色体（减半）变化的认识，即在形成精子或卵细胞时，体细胞中每对染色体各有一条进入精子或卵细胞。

1. 演绎推理，建构新知

任务三：引导学生根据染色体在亲子间传递的规律，用"常染色体 + 性染色体"的表示方法来表达人的精子和卵细胞中的染色体组成，写完后进行展示（图 4 - 16）。同时思考以下问题：①在男性的精子和女性的卵细胞中，应该有几条性染色体？②以性染色体为判断依据，男性有几种精子？女性有几种卵细胞？学生通过书写精子和卵细胞中的染色体组成，可快速理解精子和卵细胞中都只有 1 条性染色体，产生的精子有 2 种，产生的卵细胞只有 1 种。

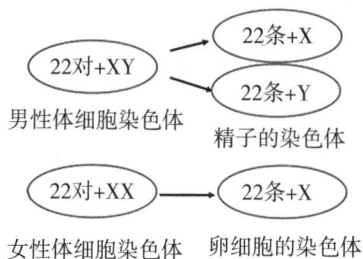

图 4 - 16　精子和卵细胞中的染色体组成

设计意图：通过引导学生回顾染色体在亲子间传递的规律，让学生推理出精子和卵细胞中的染色体组成；同时，让学生认识到人体的任何细胞中都有常染色体和性染色体，在体细胞中，染色体是成对存在的；而在生殖细胞（精子和卵细胞）中，染色体是成单存在的。这既有利于锻炼学生的分析、推理等科学思维能力，也有利于培养学生自主建构知识的能力。

2. 模拟实验，直观求证

女性在两次月经之间，会排出一个含 X 染色体的卵细胞；男性在一次生殖活动中则会排出上亿个精子。这些精子从含有的性染色体来看只有两种，一种是含 X 染色体的，另一种是含 Y 染色体的，它们与卵细胞结合后的机会相等。根据人体的生殖和发育过程，精子和卵细胞结合后会形成受精卵，再由受精卵发育成新个体，既然如此，生男生女机会是否均等呢？

任务四：利用教师课前准备好的不透明的装有围棋子的红色袋子和蓝色袋子，每个红色袋子里装 20 个白色围棋子，每个蓝色袋子里装 10 个白色围棋子和 10 个黑色围棋子（图 4 - 17），设计模拟实验，探究生男生女的机会是否均等。

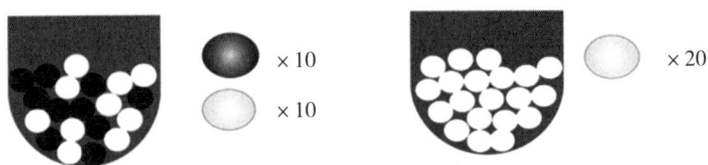

图 4 - 17　装有围棋子的红色袋子和蓝色袋子

♀♂　模拟实验：生男生女机会均等吗？　　　　　　　　　　　人的性别遗传

①两位同学为一组。分别从装有"精子"和"卵细胞"的袋子中随机各取一枚棋子；记录两枚围棋子代表的性染色体组成；每次取完记录后，再将棋子放回去；注意均匀再取，共记录10次。
②全班统计各个小组模拟精子与卵细胞随机结合的结果。

性别	次数										
	1	2	3	4	5	6	7	8	9	10	合计
（白黑）生男											
（白白）生女											

图 4 - 18　模拟探究实验步骤图解

小组合作完成模拟实验，体验精子与卵细胞随机结合的过程。各小组对模拟实验操作的数据进行记录。模拟实验结束后，组长上讲台将本组合计数据录入教师预先设计好的表格中，汇总全班实验数据。同时，教师引导学生讨论以下问题：

（1）各个小组模拟精子与卵细胞随机结合的结果是怎样的？（只模拟 10 次的结果很可能不是 1∶1）

（2）全班模拟精子与卵细胞随机结合的结果又是怎样的？（全班的总实验次数较多，实验结果更接近1∶1）

（3）模拟精子与卵细胞随机结合的结果说明了什么？（说明含X和含Y的两种精子与卵细胞结合是随机的，所以生男生女的机会是均等的）

表4-4 全班汇总表

组别	1	2	3	4	5	6	7	8	9	10	11	12	13	14	15	16	17	18	19	20	21	合计
生男																						
生女																						

设计意图：通过模拟实验，体验精卵随机结合的过程，把抽象的精卵结合过程变为可视化的操作过程，化抽象为形象，更符合学生的认知规律。通过小组数据统计，寻找数据规律，初步建构人的性别遗传的数学模型，同时通过问题引领，提高学生分析问题和解决问题的能力，突破教学难点。

3. 合作探究，建构模型

任务五：小组合作完成染色体遗传图解。同时，教师引导学生讨论：①人的性别是在什么时候决定的？②通过学习，你们认为吃"转胎丸"能改变胎儿的性别吗？③生男生女取决于卵细胞与哪一种精子结合，"生男生女爸爸是关键"的说法对吗？④一对夫妻第一胎为女儿，第二胎为男孩的概率是多少？⑤一对夫妻第一胎为女儿，第二胎还是女儿的概率是多少？

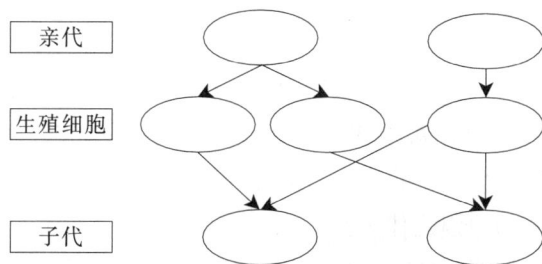

图4-19 染色体遗传图解（空白）

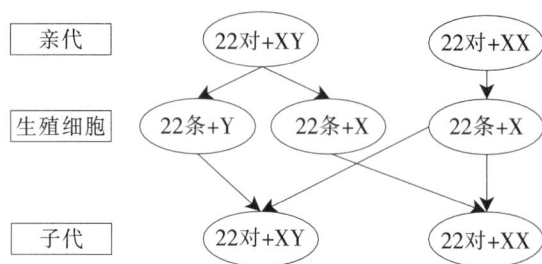

图 4 - 20　染色体遗传图解（已填）

设计意图：通过让学生合作完成染色体遗传图解，进一步运用染色体分离组合的规律，巩固新知，并让学生在体验和思辨中建构模型，培养建模思维和建模能力。同时，让学生通过讨论实际问题，发现规律，呼应开头的情境设计，总结出人的性别是在精子与卵细胞结合形成受精卵时决定的，吃"转胎丸"不能改变胎儿的性别，进而归纳出生男生女取决于精子的类型，提高分析解决问题和抽象概括的能力。

（四）辨析本质，拓展延伸

男女性别也是一种性状，人的性别是否只与性染色体有关，而与基因无关呢？

任务六：观看一段关于 SRY 基因（睾丸决定基因）的视频，同时让学生自主阅读教材第 42 页的小字部分，拓展性染色体上与性别有关的基因的知识。

设计意图：通过了解性染色体上的基因，让学生进一步明确人的性别的本质，性别不仅由性染色体决定，还由性染色体上的基因决定。这样可让学生的思维得以深化和拓展。

（五）关注社会，升华情感

课件展示我国历次人口普查结果，可以看出，调查范围越大，男女比例越接近 1∶1。接着展示我国第七次人口普查的数据，并呈现一幅男女比例失调的漫画，引出问题：为什么我国人口普查的数据表明我国的男女比例出现了失衡？性别严重失调的原因是什么？

任务七：课件展示 2023 年 6 月、7 月发生的弃婴事件，引导学生思考：为什么到现在还有人残忍地丢弃女婴？怎样能有效减少遗弃女婴的现象？男女比例失调会引发哪些社会问题？让学生通过思考，总结出遗弃女婴是因为社会上还存在严重的重男轻女思想。男女比例失调会导致"光棍"增多，会引发强奸、买卖婚姻和拐卖妇女等违法犯罪行为，给社会增加不稳定因素，危害国家人口比例的正常发展。要解决这些问题，就要摒弃重男轻女的封建思想，宣传"男女平等"，树立"生男生女都一样"的科学观念，关爱女孩的健康成长。严禁非医学需要的胎儿性别鉴定，严禁选择性别的人工终止妊娠，对违反胎儿性别鉴定等行为进行严厉的处罚；国家出台相关法律法规对女婴进行保护。

设计意图：引导学生关注社会现象，让学生能理性认识到男女比例失调的危害，同时也能深刻剖析遗弃女婴、买卖婚姻等行为所带来的严重社会问题，在情感上认同男女平等，形成尊重生命、科学看待生男生女问题的情感态度，增强社会责任感。

（六）课堂检测，反馈提升

利用希沃白板设计游戏比拼，让学生判断以下观点、概念的正误，教师及时发现学生存在的问题，适时点拨与纠正。

（1）男女性别也属于人的遗传性状，与遗传有关。

（2）生男生女是由卵细胞含有的性染色体决定的。

（3）一对夫妇第一胎是女孩，再生男孩的概率增大。

（4）正常男性体细胞内的性染色体为 XY。

（5）男性精子的染色体组成一定是 22 条 + Y。

（6）女性卵细胞的染色体组成一定是 22 条 + X。

（7）性染色体只存在于生殖细胞中。

设计意图：通过游戏的形式反馈学生的学习情况，学生的学习兴趣高，课堂气氛活跃，让学生在"玩中学"更有利于巩固知识。同时，教师可根据学生在游戏中反映出的问题进行及时纠正，有效提升课堂效率。

（七）教学反思

《基础教育课程改革纲要（试行）》以体验为核心，对教学提出了"强调形成积极主动的学习态度""关注学生的学习兴趣和经验""倡导学生主动参与、乐于探究、勤于动手""满足不同学生的学习需要"等要求。这些表述既强调了学生必须掌握的知识和技能，又强调了过程与方法、情感态度与价值观等，让学生在活动中体验过程、收获知识、自主发展。

在"人的性别遗传"这节课中，教师围绕核心概念，以问题串为思维主线，在任务情境的驱动下进行探究式学习，通过观察思考、分析讨论、小组合作探究、模拟实验等方式开展教学，充分体现了学生的主体地位，激发了学生的学习热情，有助于提升学生的科学探究能力及科学思维能力。在教学过程中，充分发挥学生的主观能动性，从理论到实践，从书本知识到真实生活情境，不仅关注知识能力的提升，更注重情感态度与价值观的渗透，培养学生分析问题和解决问题的能力，增强学生的社会责任感，把生物学的学科核心素养落到实处。这种基于任务情境驱动的教学方式能有效地引导学生自主建构科学概念，突破教学重难点。在教学过程中，教师需要在学生自主学习和合作探究时给予正确的引导和评价，及时调控学生的学习过程，起到引导者、组织者与合作者的作用。

第十二节　基于生活情境的教学设计：以"输送血液的泵——心脏"为例①

一、教材分析

"输送血液的泵——心脏"是人教版初中生物学教材七年级下册第四章第三节的内容。本节课主要讲述了心脏的结构和功能，知识点和难点较多，因此，如何在短时间内使学生掌握心脏的结构及对相连血管有充分的认识是本节课的重点。本节课通过描述心脏的结构和功能，培养学生的科学观；通过对心脏的结构探究，发展学生的观察能力、思维能力和语言表达能力，并认同生物体结构与功能相适应的观点；通过积极参与小组活动，体验人与人之间的交流与合作；明确体育锻炼对心脏的影响，对学生进行健康教育。本节课为学习"血液循环"奠定了基础，更是对前一章所学知识"营养物质吸收进入血液后的去向及如何被细胞利用"作进一步的说明，并为后两章"人体的能量供应"和"人体代谢废物的排出"的学习做好知识储备、奠定基础。

二、学情分析

七年级的学生处于青春期，无论是从生理还是从智力等方面来说，都正处于发展的黄金时期，他们对外界事物有着非常浓厚的兴趣，但尚处于一个懵懂

---

① 本教学设计的撰写人为深圳市宝安区孝德学校教师杨玉菡。

阶段，其抽象思维的发展还不完善，在学习抽象的人体结构方面还存在较大的难度。

三、教学目标

（一）知识与技能
（1）描述构成心脏的组织。
（2）描述心脏的结构和功能。
（3）说出与心脏各个腔相连的血管名称。

（二）过程与方法
（1）通过课前预习，培养学生的自主学习能力。
（2）通过观看解剖心脏的视频，培养学生的信息获取能力。
（3）通过小组合作，培养学生的探究、分析、交流和表达能力。
（4）通过游戏互动，加深学生对心脏结构的理解。
（5）通过课前收集关于心脏病和心脏保养的知识，培养学生的资料收集能力。

（三）情感态度与价值观
（1）明确心脏对人体的重要性，对学生进行健康教育。
（2）进一步强化生物体结构和功能相适应的生物学观点。

四、教学重难点

（一）教学重点
心脏的结构与功能、心脏内部血流方向。

（二）教学难点
心肌壁的厚薄与功能相适应；心脏瓣膜的开闭与血流方向的关系；心脏各个结构之间的联系。

五、对应的课标要求

（1）知识：获得有关人体结构、功能的知识。

（2）能力：在科学探究中发展合作能力；初步具有收集、鉴别和利用课内外图文材料以及其他信息的能力；初步学会运用所学的生物学知识分析和解决某些生活、生产或社会实际问题。

（3）情感态度价值观：乐于探索生命的奥秘。

六、课前准备

（1）教师：导学案、心脏模型、游戏卡片、小组抽签卡片。

（2）学生：搜集有关心脏病和心脏保养的知识。

七、教学过程

（一）联系生活，创设情境

教师出示桶装水水泵和倒立的人的图片，设问：俗话说，人往高处走，借助水泵可以使水往高处流；同样，倒立的人的血液又是通过体内哪个类似水泵的结构到达脚尖？

设计意图：通过联系学生的日常生活，激发学生的兴趣，引导学生从生活实际中去思考问题。

（二）初识心脏

（1）大屏幕展示心脏跳动和泵血的视频，让学生聆听心跳的声音，感受心脏的搏动。

（2）引导学生通过以下三个环节初步了解心脏的有关知识。

摸一摸：摸摸胸口，感受心脏的跳动。观看图片，判断心脏的位置。

看一看：观看大屏幕上完整的心脏图片，认识心脏的形状。

捏一捏：捏捏老师给大家提供的完整的心脏模型，说出自己的感觉，作出准确的推测。

设计意图：通过直观的材料和亲身体验，让学生初步获得关于心脏的感性知识。

（三）再识心脏

（1）快速记忆心脏结构示意图（1分钟）。

（2）修改导学案"达标检测"第6题心脏的结构图中标错的结构（图4－21，标错的结构有①②③⑥⑦⑨⑩）。

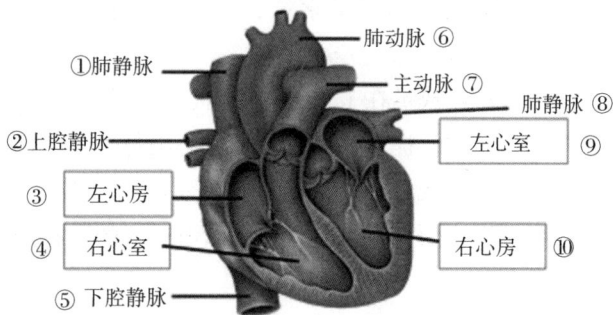

图4-21　心脏的结构图

设计意图：提高专注力，培养学生的快速记忆能力，通过快速记忆初步记住心脏的各个结构。接着改变以往直接让学生认图的做法，通过巧妙的情境设计，提高学生的兴趣，深化对心脏结构的识记。

（3）记忆大挑战游戏。

①讲明游戏规则。

A. 各组迅速自主决定游戏顺序，按图4－22排好顺序；

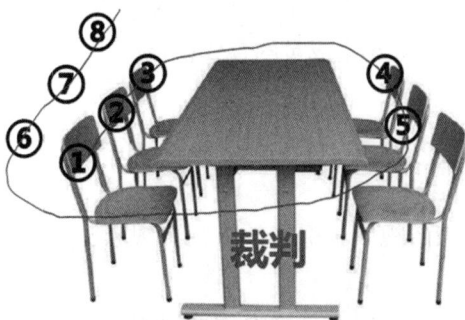

图4-22　游戏顺序

B. 小组交叉派出一名同学作为裁判员。如第一组派一名同学到第二组当裁判，第二组到第三组当裁判，以此类推。由裁判员逐一出示卡片，游戏者按排好的顺序依次回答出与卡片连接的结构名称，如有人回答错误则重新从 1 号开始。此时裁判员的卡片无须重新排序，继续出示卡片。组员之间不得提示答案，否则违规。

C. 挑战成功的队伍，由裁判报告老师。

D. 各组按完成的先后顺序排列名次，决出冠军组，获取不同的小礼品和小组加分。

②快速记忆。各小组成员在 1 分钟内用自己最擅长的记忆法快速记忆心脏结构图中的各个结构名称。提示：关键是记住心脏每个腔与什么血管相连。

③各组就位，宣布游戏开始，电脑屏幕显示时间。图 4 - 23 为游戏卡片，每组 8 张，背面附答案，便于裁判员迅速判断游戏者的回答是否正确。

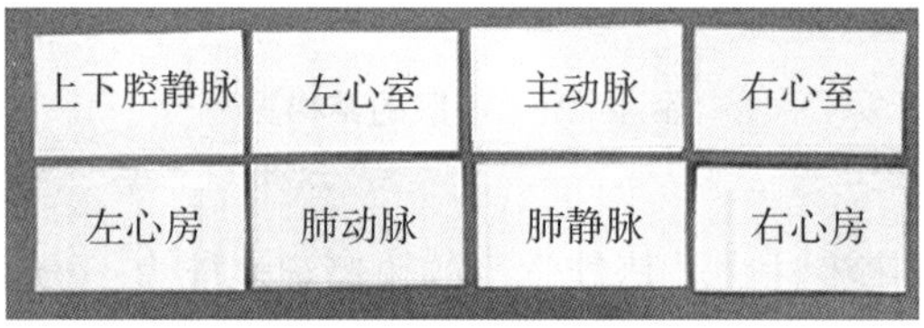

| 上下腔静脉 | 左心室 | 主动脉 | 右心室 |
| 左心房 | 肺动脉 | 肺静脉 | 右心房 |

图 4 - 23　游戏卡片

④宣布各组的用时及名次，请冠军组成员代表分享记忆方法。

设计意图：心脏的结构以及与各个心腔连接的血管是非常容易混淆、难以消化的内容，也是本节课的一个重点，学生很难记住这些知识点。通过快速记忆及游戏比拼，可以大大地激发学生的学习兴趣和热情，进一步深化对心脏各个结构的认识和记忆，培养小组成员的合作精神。

（四）深识心脏

1. 合作探究

（1）播放解剖心脏的视频，引导学生观看视频，并尽可能多地记住视频内容。

（2）小组内两两组合，互换导学案，根据刚刚观看的视频内容以及参考教材第 61 ~ 62 页的内容，交叉填写六宫格。

1. 心脏壁主要由_____组织构成，具有什么功能？
_____

2. 心脏四个腔之间的连通关系是怎样的？（提示：左右、上下之间是否连通）_____

3. 心房与心室之间有_____瓣；心室与动脉间有_____瓣，有何作用？_____

4. 心房与心室的瓣膜保证血液从_____流向_____；心室与动脉的瓣膜保证血液从_____流向_____

5. 心房与心室壁哪个更厚？_____左心室和右心室壁哪个更厚？_____为什么？

6. 你发现心脏各个结构之间有何规律？_____

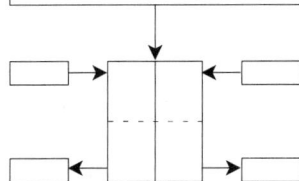

图 4 - 24　交叉填写六宫格

（3）两两交换各自的导学案，交流讨论，统一答案。

（4）小组交流讨论，在组长的指挥下每个小组统一一份答案。

（5）引导 1~6 个小组抽取六宫格的签，派代表回答所抽取到的六宫格问题，其他组成员评价并补充完善。提示：在教材的心脏结构示意图旁边做好第 1 题和第 5 题的笔记。

2. 难点点拨总结

六宫格口诀：上房下室、左右颠倒、房静室动、同侧相通。

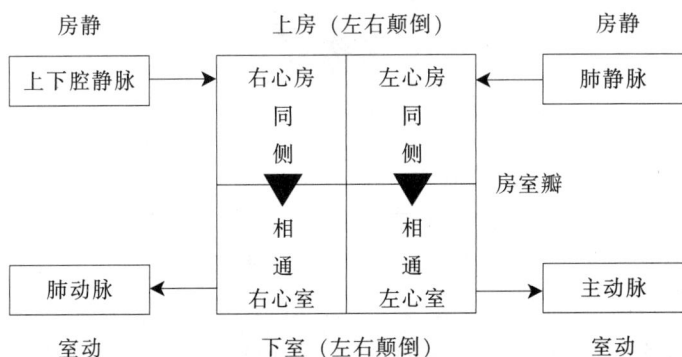

图 4 - 25　六宫格

设计意图：心脏的结构和功能是本节课的重难点。观看视频可以帮助学生直观形象地认识心脏的结构；两人一组交换填写六宫格问题，再互相交流，到最后小组统一答案、表达及评价，一步步引导学生的学习交流和思维碰撞，在自主探究的同时提高合作能力和语言表达能力。最后通过难点点拨，引导学生运用口诀帮助识记心脏的各个结构及规律。

（五）心脏的工作原理

（1）看图"说话"。

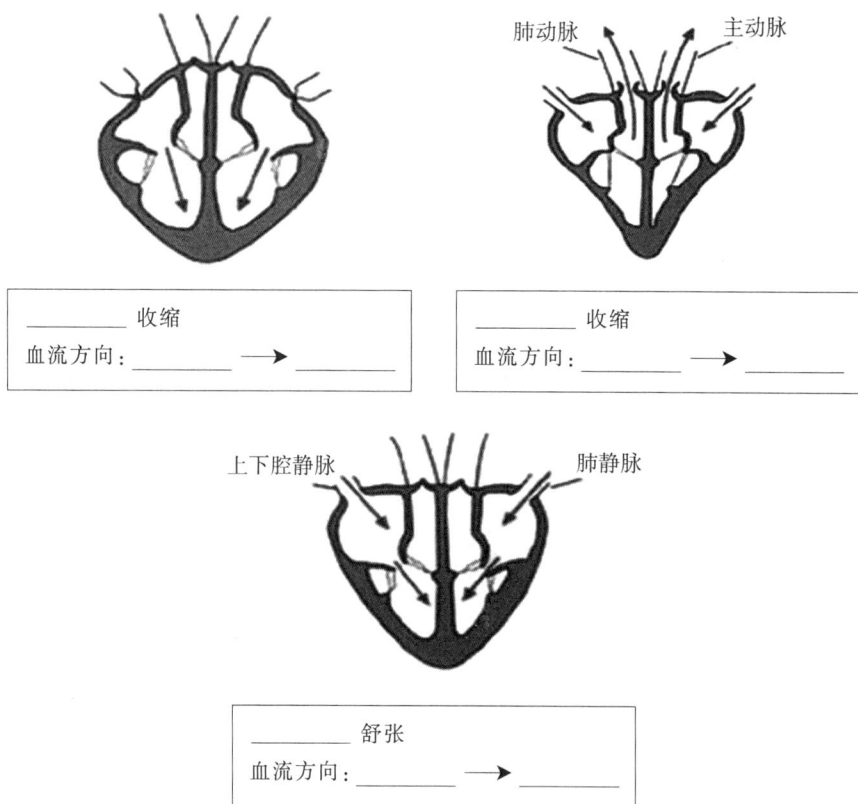

图 4 - 26　心脏的工作原理

（2）引导学生根据图 4 - 26 心脏的工作原理，总结心脏内部血液流动的方向。

心脏内部的血流方向：_____ ⟶ _____ ⟶ _____ ⟶ _____

图 4 – 27 心脏内部血液流动的方向

教师提示：在书本上做好笔记。

教师设问：心脏的哪些结构可以保证血液按这个方向流动？（房室瓣和动脉瓣）

设计意图：通过分析心脏工作的原理图，引导学生归纳血流方向，提高图文转换能力和总结归纳能力。

（六）"直击"生活

各小组请代表上台分享课前收集的关于心脏病和心脏保养的知识。

设计意图：联系生活实际，丰富课堂内容，培养学生的信息收集与交流表达能力。

八、教学反思

本节课以生活情境作为背景，通过设计层层深入的探究活动，使抽象的知识直观化、形象化，激发学生的兴趣，使学生在体验中获得关于心脏的基本知识，从而有效达成教学目标和培养学生的能力。

参考文献

［1］陈红．对"模型建构"的教育价值反思与再认识［J］．福建基础教育研究，2009（11）．

［2］邓友超．教育解释学［M］．北京：教育科学出版社，2009．

［3］杜伟．高中生物课堂情境创设的误区及对策［J］．考试周刊，2013（39）．

［4］方开越．真实性情境创设在高中生物教学中的研究与应用［D］．重庆：西南大学，2021．

［5］顾明远．教育大辞典［M］．增订合编本．上海：上海教育出版社，1998．

［6］蒋小兮．暗示和直陈原则在政治课教学中的运用［J］．湖北社会科学，2008（6）．

［7］卢乐山，林崇德，王德胜．中国学前教育百科全书：教育理论卷［M］．沈阳：沈阳出版社，1995．

［8］李吉林．情境教学理论与实践［M］．北京：人民日报出版社，1996．

［9］李吉林．情境教育的诗篇［M］．北京：高等教育出版社，2004．

［10］李吉林．中国式儿童情境学习范式的建构［M］．教育研究，2017（3）．

［11］吕甜甜．例析"生命活动需要酶"一节的情境导入［J］．生物学教学，2022（10）．

［12］马学，武玉冰，孔祥忠．加强情境教学　培养学生思维能力［J］．中学生物教学，1995（2）．

［13］毛会娟．高中生物课堂中情境教学的实践研究［D］．南京：南京师范大学，2011．

［14］彭端生．生物情境教学法初探［J］．生物学教学，1991（4）．

［15］祁瑜玲，贺建国．提高生物课质量的一些方法［J］．内蒙古教育，1994（1）．

［16］邵瑞珍．教育心理学［M］．上海：上海教育出版社，1997．

［17］田纲举．模拟体验法在教学中的应用［J］．生物学教学，2005（4）．

［18］王隆裕．生物教学中的点拨思维方法［J］．教学与管理，1993（5）．

［19］王昭俊，郭红丽．教学情境设计"四忌"［J］．生物学教学，2006（3）．

［20］威尔逊．MIT 认知科学百科全书［M］．上海：上海外语教育出版社，2000．

［21］吴成军．任务情境在考查生物学学科核心素养中的作用［J］．基础教育课程，2020（8）．

［22］伍尔福克．伍尔福克教育心理学［M］．伍新春，赖丹凤，季娇，等译．11 版．北京：中国人民大学出版社，2012．

［23］许明．基于模型建构的初中生物概念教学研究［J］．教学月刊（中学版），2016（Cl）．

［24］许明．"能量的释放和利用（第 1 课时）"的情境教学［J］．生物学通报，2009（12）．

［25］曾文俊．创设情境，促进建构性学习［J］．生物学教学，2001（12）．

［26］詹萍萍．中国语文情境教学研究［D］．重庆：西南大学，2017．

［27］张辉蓉，朱德全．走出教学情境创设的误区［J］．西南大学学报（人文社会科学版），2007（5）．

［28］张建．例谈高中生物学情境教学中的几个误区［J］．中学生物教学，2018（1）．

［29］张苗．基于综合思维培养的高中地理情境教学运用研究［D］．南昌：江西师范大学，2020．

［30］张瑞．情境适应性教学评价研究［M］．北京：科学出版社，2020．

［31］赵娜娜．初中生物课生活情境导入的理论和实践研究［D］．济南：山东师范大学，2017．

［32］中共中央　国务院关于深化教育教学改革全面提高义务教育质量的意见［EB/OL］．（2019－07－08）［2024－01－01］．https：//www.gov.cn/zhengce/2019－07/08/content_5407361.htm．

［33］中华人民共和国教育部．普通高中生物学课程标准［S］．北京：人民教育出版社，2017．

［34］中华人民共和国教育部．义务教育生物学课程标准（2011 年版）［S］．北京：北京师范大学出版社，2012．

［35］中华人民共和国教育部．义务教育生物学课程标准（2022 年版）［S］．北京：北京师范大学出版社，2022．

［36］ DEWEY J. The school and society ［M］. Chicago： The University of Chicago Press，1899.

［37］ GEORGE J M，LUBBEN F. Facilitating teachers' professional growth through their involvement in creating context-based materials in science ［J］. International journal of educational development，2002（6）.

［38］ GILBERT J K. On the nature of "context" in chemical education ［J］. International journal of science education，2006（9）.

［39］ LAVE J，WENGER E. Situated learning： legitimate peripheral participation ［M］. Cambridge： Cambridge University Press，1991.

［40］ MCLELLAN H. Situated learning perspectives ［M］. Englewod Cliffs： Educational Technology Publications，1996.

［41］ STOLK M J，BULTE A，JONG O D，et al. Strategies for a professional development programme： empowering teachers for context-based chemistry education ［J］. Chemistry education research and practice，2009（10）.